멈춰진 시계의 비밀

최중호 수필집

교음사

책머리에

　직장에서 퇴직한 후, 수필집 3권과 수필선집 1권을 발간하였다. 직장 생활을 할 때는 맡은 일에 충실한다고 수필집을 한 권도 발간하지 못했다.
　퇴직한 후, 직원들의 눈치를 볼 필요가 없어 그동안 발표했던 수필들을 엮어 수필집을 발간하였다. 수필선집을 발간한 후, 3년 만에 제4 수필집을 내게 되었다.
　이번에 발간한 수필집 제호(題號)는 『멈춰진 시계의 비밀』로 하였다.
　언젠가 하얼빈역에 있는 「안중근 기념관」을 찾았을 때, 기념관 안에 걸려 있는 시계가 9시 30분을 가리키고 있었다. 이 시간은 방문객들에게 안 의사가 이토 히로부미를 저격했을 때의 시간을 상기시키기 위해서였다. 또한, 튀르키예의 돌마바흐체 궁전에 갔을 때, 튀르키예의 국부(國父)인 무스타파 케말의 침실에는 9시 5분을 가리키는 시계가 있었다. 그 시간은 무스타파 케말이 사망한 시간이다. 튀르키예의 독립과 국민을 위해 헌신한 무스타파 케말을 기억하자는 의미일 것이다. 두 곳에 있는 멈춰진 시계를 보고 우리나라에도 국가를 위해 헌신하신 분을 기릴 수 있는 시계가 있었으면 좋겠다는 생각을 하였다. 우리나라에는 많은 위인이 있다. '그분들 중 한 분을 선정해 국민이 기릴 수 있는 시간을 정하면 어떨까?' 하고 생각해 보았다. 하지만, 사람마다 생각의 차이가 있고 아직은 이념 간의 갈등이 남아 있어 어느 한 분을 정하기가 어려울 것 같다. 그리하여 우리 국민이 염원할 수 있는 것을 표현해 보기로 하였다. 국민적 염원인 통일을 주제로 해 보았다. 그러기 위해선 먼저 민족의 아픔이 서려 있는 6·25전쟁을 생각했다. 6·25전쟁의 휴전일인 1953년 7월 27일, 모든 전선에서 전투 중지 명령이 내려진 오후 10시로 정하는 것은 어떨까? 판문점에 있는 '자유의 집'과 '평화의 집'에 오후 10시를 가리키는 시계를 걸어두자. 그리하여 그곳을 방문하는 사람들에게 전쟁의 아픔을 알려주는 것도 좋을 것이란 생각을 하였다. 그 후, 통일되는 날 멈춰진 시계를 다시 돌아갈 수 있도록 했으면 좋겠다.

    제4 수필집 『멈춰진 시계의 비밀』은 각 5부로 45편의 수필을 수록하였다.

    본 수필집을 발간해 주신 교음사 강병욱 사장님과 류진 편집국장님께 감사의 인사를 올린다.

2025년 여름 여강(如江) 최중호

최중호 수필집

‣ 차 례
‣ 책머리에

1부 멈춰진 시계의 비밀

봄은 시작이요, 기다림이다 … 16

멈춰진 시계의 비밀 … 20

운이 좋은 그녀 … 25

대중가요 전성시대 … 30

초승달 … 33

작은 소망 … 37

이제는 말하고 싶다 … 41

꽃 잔치에 점심만 세 끼 … 46

추억으로 가는 길목에서 … 50

2부 어머니 마음을 잘 몰랐다

구진벼루의 향연 ⋯ 54

돌탑을 쌓은 뜻은 ⋯ 59

인간의 회귀 본능 ⋯ 63

어머니 마음을 잘 몰랐다 ⋯ 67

이순신 장군을 모신 충렬사와 제승당 ⋯ 71

병원 순례기 ⋯ 75

지연 회상력 ⋯ 78

천 년 향화지지(千年香火之地)가 되었으면 ⋯ 82

간병대장 ⋯ 87

3부 사비성과 알람브라 궁전

사비성과 알람브라 궁전 … 94

미소가 열어 준 문 … 100

바위에 누워 있는 나그네 … 105

행운목 … 110

밀사는 어디 가고 하멜만 남아 … 114

선진국으로 가는 길목에서 … 119

나의 꿈 … 122

많은 성씨가 모여 조화를 이룬 곳 … 126

호랑이보다 더 무서운 것 … 132

4부 가슴을 울리는 소리

경교장에 울린 총소리 … 138

해맑은 미소 속에 내가 있다 … 143

가슴을 울리는 소리 … 148

6·25전쟁 일화 … 152

좌충우돌 초임 교사 … 158

열차가 고마울 때 … 163

아쉬운 미련 … 166

충무공 영혼이 머물다 가신 곳 … 169

알량한 자의 직권 남용 … 174

5부 하얼빈역을 뒤흔든 총소리

중명전의 저녁노을 … 180
기복된 날의 하루 … 185
8월에 부르는 노래 … 189
노래가 반전시킨 문학 인생 … 194
하얼빈역을 뒤흔든 총소리 … 202
덤으로 산다 … 208
평생직장 … 212
어설픈 독일 견문 … 215
신발장에서 배운 인생 … 219

1부

멈춰진 시계의 비밀

봄은 시작이요, 기다림이다
멈춰진 시계의 비밀
운이 좋은 그녀
대중가요 전성시대
초승달
작은 소망
이제는 말하고 싶다
꽃 잔치에 점심만 세 끼
추억으로 가는 길목에서

봄은 시작이요, 기다림이다

봄은 시작이다.

하루 일과는 아침에 시작된다. 아침 해가 붉은 옷을 입고 산마루에 오르면, 종달새 나래를 쳐 하늘에 닿고, 개미들이 숲길을 기어갈 때 하루가 시작된다.

초승달은 한 달의 시작이다. 초승달이 살짝 얼굴을 내밀면 한 달이 시작되고, 휘영청 밝은 달은 그달의 절정이며, 어두운 그믐달에서 한 달은 끝이 난다.

네 계절의 시작은 봄이다. 봄은 만물이 기지개를 켜며 소생을 알리는 계절이다. 농촌의 봄은 밭갈이에서 시작이 된다. 밭갈이하는 농부의 양어깨에도 따뜻한 봄볕이 살포시 내려와 앉는다. 밭갈이를 끝내고 씨를 뿌린 농부는, 씨앗이 싹 틔우는 것을 보고 한

해의 농사를 가늠해 보기도 한다.

　어렸을 적 누나를 따라 봄을 맞으러 들로 나갔다. 나물을 캐기 위해서다. 하늘에선 종달새 노래가 봄을 알렸고, 땅에선 들판 위에 피어오르는 아지랑이가 봄기운을 북돋아 주었다. 쑥이나 민들레는 뿌리의 윗부분을 잘라 뜯었지만, 냉이와 달래는 땅속 깊이 칼을 넣어 뿌리째 캤다. 그중 상큼한 달래의 향은 콧속으로 몰래 숨어들어, 봄 내음을 가슴 그득히 채워 줬다.

　봄은 늘어진 수양버들 가지에도 왔다. 가까이에선 잘 보이지 않지만 멀리서 바라보면 파란빛이 돋아나 있다. 다른 나무는 아직 잠에서 깨어나지 않았는데, 수양버들은 벌써 잠에서 깨어나 봄을 맞이하고 있다. 새싹 돋은 수양버들이 실바람에 흔들리고, 아이들이 호드기 불며 고샅길을 뛰어다니면, 나물 캐는 소녀들의 치마폭에도 봄은 숨어서 왔다.

　스치는 찬바람에 할미꽃이 수줍어 고개를 숙이면, 추위를 피해 땅바닥에 달라붙은 민들레는 맑은 향기와 고결한 자태로 봄을 알려 왔다.

　봄이 오면 응달진 시냇가 얼음장 밑에도 물 흐르는 소리가 나지막이 들린다. 초가집 처마를 못 잊어서 다시 돌아온 제비의 날갯짓에도, 따뜻한 봄은 실려 왔다. 새 학기가 시작되면, 유치원을 졸업한 철이가 엄마와 함께 종종걸음으로 초등학교 입학식에 가는 것도 봄이다.

　봄은 기다림이다.

　망부석은 기다림의 화신(化身)이라 하겠다. 남편을 기다리다 돌이 되어 버린 치술령의 망부석(望夫石). 치술령에서 왜국으로 떠난 남편을 기다리다 망부석이 되었다는 박제상의 아내. 봄이 되면 그 망부석의 틈새에도 진달래꽃이 핀다. 목을 길게 뺀 진달래꽃은 동해를 바라보며 누구를 기다릴까?

　봄은 메마른 가지에서 꽃 피우길 기다리는 계절이다. 살구와 복숭아가 화사한 꽃과 향기로 마음을 설레게 하면, 겨우내 움츠렸던 몸과 마음을 밖으로 끌어내는 것도 봄이다.

　지난가을 취직을 해서 돌아오겠다며 서울로 간 삼돌이. 순이가 문설주에 기대선 채 발꿈치 들고, 삼돌이가 돌아오길 기다리는 것도 봄이다.

　지난해부터 코로나19로 세상이 어수선해졌다. 사람들은 감염 예방을 위하여 마스크를 쓰고 다녔고, 우리의 풍속도 바꾸어 놓았다. 서로 만나는 걸 꺼렸고, 여러 사람이 모이는 것도 규제하였다. 그래 재택근무, 자가 격리, 사회적 거리 두기 등의 말이 생겨났다. 대부분 사람이 바깥 활동을 자제하고 가정에서 은둔생활을 하고 있다. 그 결과 자영업자를 비롯한 많은 사업가가 경제적으로 큰 손실을 보았고,

실업자도 많이 생겨났다. 따라서 거리는 한산해졌고 생활방식도 많이 바뀌었다.

　봄은 시작이요, 기다림이라 했다.

　이 봄엔 코로나19가 우리 곁을 떠나기 시작했으면 좋겠다. 그래 만나는 사람마다 마스크를 벗고 본래의 모습으로 돌아와 생활했으면 더욱더 좋겠다. 풀잎에 맺힌 이슬이 영롱하게 빛나듯, 우리 모두 활짝 웃으면서 활기찬 생활을 하는 그런 봄을 기다려 본다.

(2021. 『수필문학』 5월호)

멈춰진 시계의 비밀

시계를 보니 아직 기차 시간이 많이 남아 있다. 천천히 준비해도 될 것 같아 하던 일을 계속했다. 이제 준비하고 나가야 할 시간이다. 하지만 시계를 보니 아직도 시간이 많이 남았다. 아무래도 이상한 느낌이 들어 시계를 다시 보았다. 처음에 봤던 시간 그대로가 아닌가? 시계를 자세히 보니 초침이 움직이질 않는다. 시계가 멈춰진 것이다.

기차는 이미 출발한 뒤라 예매한 기차표는 소용이 없었다. 한 시간 뒤로 기차표를 다시 예매한 후, 대전역에 가 서울행 기차를 탔다. 그 때문에 세미나 시간에 늦은 적이 있다. 벽에 걸려 있던 시계는 고장 난 것이 아니고, 건전지의 수명이 다해 멈추었던 것이다.

　외국 여행을 하다 보면 호텔 카운터 벽에 여러 개의 시계가 걸려있는 것을 볼 수 있다. 그 시계들은 서로 다른 시간을 가리키고 있을 뿐 멈춰 있거나 고장 난 것이 아니다. 세계 주요 도시의 현재 시각을 알려주는 시계다.

　우리와 형제의 나라로 알려진 튀르키예의 이스탄불로 갔다. 보스포루스 해안에 있는 돌마바흐체(domabahce) 궁전. 이 궁전은 프랑스의 베르사유 궁전을 모방해 바로크, 로코코 양식의 아름다움을 나타내고 있다. 이곳은 백여 년 전까지만 해도 오스만 제국의 행정 중심이요, 술탄(왕)이 거처했던 궁전이다.

　그 화려함은 건축비용으로 황금 35t의 경비가 들어갔고, 그중 14t의 금은 궁전의 천장 내부 장식에 사용했다고 한다. 중앙홀에는 영국의 빅토리아 여왕이 선물한 세계에서 가장 큰 보헤미안 크리스털엔 750개의 램프가 있고, 무게도 4.5t이나 된다고 한다.

　크고 화려한 궁전을 돌아보던 중, 침대 위에 빨간 바탕에 흰 초승달과 별이 그려진 튀르키예 국기가 덮여 있다. 아마 이방은 튀르키예와 관련이 있는 사람이 쓰던 방인가 보다. 침대의 머리맡에 9시 5분을 가리키는 시계가 있다. 그 옆 응접세트에 놓여 있는 시계도 9시 5분을 가리키고 있다.

이방은 몰락한 오스만 제국을 튀르키예 공화국으로 새롭게 탄생시킨 군인이자 정치가인 초대 대통령 무스타파 케말이 말년에 기거했던 방이다. 그는 튀르키예의 근대화와 독립을 위해 많은 공을 세워, 튀르키예 국민에게 가장 추앙을 받는 인물로 아타투르크(국부)란 호칭을 받고 있다. 때문에 튀르키예의 화폐와 우표에도 그의 초상화가 그려져 있고, 도시는 물론 시골의 어느 지역을 가더라도 그의 사진이 걸려 있다. 그가 1938년 11월 10일, 오전 9시 5분에 이 방에서 사망했다. 멈춰진 시계가 가리키고 있던 9시 5분은 튀르키예의 국부(國父)인 무스타파 케말이 사망한 시각이었다. 그래 튀르키예에선 그의 기일인 11월 10일, 9시 5분이 되면 1분간 사이렌이 울리고, 국민이 묵념을 올린다고 한다.

　또 하나의 멈춰진 시계가 있는 하얼빈역 안중근기념관으로 갔다. 기념관 안으로 들어가면 안중근 의사의 전신상이 있다. 권총을 들고 이토 히로부미를 저격하는 모습의 안 의사의 전신상 위에 시계가 하나 걸려 있다. 안 의사의 전신상 왼쪽으로는 두 칸의 전시실이 있다. 그곳에는 안 의사의 사진과 함께, 생애와 사상, 거사 과정 및 뤼순 감옥에서의 순국 과정 등이 전시되어 있다. 전시실의 맨 끝으로 가면 밖을 내다볼 수 있는 통유리가 있다. 유리창 너머로 하얼빈역 1번 플랫폼이 보인다. 그곳 바닥에 세모와 네모 표시가 되어 있다.

그곳을 보며 그날의 안 의사를 생각해 보았다. 안 의사는 아침 일찍 권총을 휴대하고 하얼빈역 대합실로 갔다. 그곳에서 차를 마시며 이토 히로부미가 오기만 기다렸다. 9시경 이토 히로부미가 탄 열차가 하얼빈역에 도착했고, 러시아 재무장관 코코프체프가 열차에 올라가 이토 히로부미와 회담을 한 후, 내려 러시아 의장대를 사열하기 시작했다. 이때 안 의사가 이토 히로부미를 향해 총탄을 발사했다. 그 후, 안 의사는 만세를 세 번 외친 후, 러시아 병사들에게 체포되었다.

안 의사가 이토 히로부미를 저격해 대한 남아의 기개를 세계만방에 알린 시각이 1909년 10월 26일, 오전 9시 30분이다. 플랫폼에 표시된 세모 표시는 안 의사가 서 있던 곳이고, 네모 표시는 안 의사가 쏜 총탄을 맞고 이토 히로부미가 쓰러진 곳이다.

그래 안 의사의 전신상 위에 걸려 있던 시계가 9시 30분을 가리키고 있었던 것이다.

우리나라에 고장 난 시계는 여러 곳에 있으나, 국민의 추앙을 받아 인위적으로 멈춰 놓은 시계는 없는 것 같다. 아직 추앙받을 인물이 없어서일까? 그렇지 않을 것이다. 사람은 많으나 어느 한 분을 내세우기 어려워서일 것이다.

  그렇다면 6·25전쟁 휴전일인 1953년 7월 27일, 모든 전선에서 전투 중지 명령이 내려진 오후 10시는 어떨까? 판문점에 있는 '자유의 집'과 '평화의 집'에 오후 10시를 가리키는 시계를 걸어두자. 그리해서 통일이 되는 날, 멈춰진 시계가 다시 돌아갈 수 있도록 했으면 좋겠다.

(2021. 『해군』 10월호)

운이 좋은 그녀

그녀는 결승전에서 강진의 노래 「붓」을 불렀다. 결승전까지 함께 노력해서 올라온 동료들의 어려웠던 과정을 이 노래로 대신하고 싶어서였다.

힘겨운 세월을 버티고 보니/ 오늘 같은 날도 있구나/
그 설움 어찌 다 말할까/ 이리 오게 고생 많았네/ (후략)

입천장을 혀로 굴리며 콧소리와 함께 나오는 소리. 그 소리는 넓고 깊은 동굴에서 울려 나오는 소리다. 걸쭉하면서도 구성진 목소리. 그녀만이 낼 수 있는 성량(聲量)에 깊이가 있다. 특징 있는 그 목소리가 전국에 있는 많은 시청자의 귓전을 울렸다.

그녀는 이 노래를 부른 후, 미스트롯2에서 진으로 선발되었다. 어찌 생각하면 그녀는 운이 좋은 여자였다. 준결승에서 탈락했으나, 준결승에 진출한 ㅈ양이 학창 시절 학교폭력의 가해자가 되어 사람들의 비난을 받자, 중도에서 포기하고 말았다. 그래 차점자였던 그녀가 준결승에 진출하게 되었다.

그녀는 준결승에서 탈락하자 고향인 제주도로 내려가 일상생활을 하고 있었다. 이때 서울에서 준결승에 참여하라는 전화가 왔다. 갑작스러운 전화에 그녀는 당황했고, 준비를 못 해 참여해야 할지 말아야 할지 갈등이 생겼다. 우선 남편과 상의해 보았다. 남편은 이번 기회에 참여하지 않으면 평생 후회할지도 모를 일이라며 참여해 보라고 하였다. 그녀는 연습도 하지 못하고 준결승전에 참여하게 되었다. 그동안 다른 참가자들은 연습을 많이 했을 텐데, 준비도 없이 준결승에 참여한 그녀는 큰 기대를 하지 않았다. 하지만 그녀는 경연을 진행할수록 좋은 성적을 얻었다. 그렇게 해서 7명이 뽑히는 결승까지 올라오게 된 것이다. 준결승에서 탈락했던 그녀가 결승에까지 오를 것이라곤 아무도 생각지 못했다. 본인도 전혀 예상치 못한 결과였다.

이제 결승전이다. 그녀는 결승 1차, 작곡가의 신곡을 부르는 경연에서 1위를 차지했다. 하지만, 결승 2차 인생곡을 부르기에선 2위를 차지하였다. 그 순위는 전국의 시청자 투표를 합산하지 않은 점수였다. 최종 결승에서의 진은 시청자 투표까지 합산한 결과로 선발하는 것이다. 하지만 지난해 실시했던 미스터트롯1에서도 예상치 못한 결과가 나왔다. 결승 중간결과에서 2위를 차지했던 임영웅이, 1위를 차지했던 이찬원을 누르고 진을 차지했기 때문이다. 그때도 전국의 시청자 투표가 최종 결승의 결과를 좌우했기 때문이다. 드디어 결과가 발표되었다. 누구도 예상치 못한 결과였다. 2위를 차지했던 그녀가 최종결선에서 진을 차지하게 되었다. 준결승에서 탈락했던 그녀가 진을 차지한 것이다.

그녀는 참 운이 좋은 여자라 생각하였다. 최종결과를 발표하기 전, 사회자가 "만약 진을 차지한다면 우승 상금을 어디에 쓰겠느냐?"고 물었다. 그녀는 "몸이 불편하신 아버지를 위해 지금 사는 연립주택 5층에서 1층으로 집을 옮겨 드리고 싶다."고 하였다. 아버지가 발가락이 없는 불편한 발로 연립주택의 5층까지 오르내리는 것이 그녀에겐 너무 가슴 아팠던 것이었다. 아버지를 생각하는 그녀의 마음이 너무 갸륵했다.

그녀는 중학교 때부터 국악 명창을 꿈꾸며 제주도에서 목포까지 배를 타고 다니며 판소리를 배웠다. 그 결과 각종 국악 경연대회에서 좋은 성적을 거두었다.

그랬던 그녀가 21살 때였다. 아버지가 암과 당뇨의 합병증으로 병원에서 3개월 시한부 인생 선고를 받았다. 그런 아버지를 살리기 위해선 우선 신장이 필요했다. 신장재단에 신장 이식 신청을 했으나 이식을 하려면 오랜 기간을 기다려야 했다. 그녀는 아버지의 생명이 위급하다는 것을 알고 주변의 만류에도 불구하고, 자신의 신장을 아버지께 드리고자 결심하였다. 심청이가 아버지의 눈을 뜨게 하기 위해서 공양미 삼 백석에 팔려 가 인당수에 몸을 던졌듯, 그녀는 아버지의 생명을 구하기 위하여 자신의 신장을 드렸던 것이다.

그녀는 아버지께 신장을 드린 후, 후회도 하였다. 수술 후유증으로 배에 힘이 들어가지 않아 국악을 포기했기 때문이다.

그녀의 목소리는 간드러진 여자의 목소리가 아니라 구성진 목소리다. 처음 들을 때는 별 특징이 없는 목소리였지만, 들을수록 그 목소리에 빠져들게 하는 마력이 있다. 조금은 걸쭉하면서도 울림이 있는 친근감 있는 목소리에 사람들은 귀를 기울이게 된다. 효심이 깃든 구성진 목소리가 귓전에 울리면서 전국 시청자들의 마음마저 뺏어가 버렸다.

그녀는 자신의 신장으로 아버지의 생명을 구한 효녀다.

그녀의 아버지는 자신에게 신장을 준 후, 국악을 그만둔

딸이 항상 마음에 걸렸다. 그래 자신이 죽기 전에 딸이 TV에 출연해서 노래하는 모습을 한 번 보는 것이 소원이라 하였다. 그녀는 그런 아버지의 소원까지 풀어주었다.

생각해 보면 그녀가 미스트롯2의 진이 된 것은 운이 좋았다기보다는, 효심이 지극해서였나 보다.

양지은, 그녀는 근래에 보기 드문 효녀였으니 말이다.

(2022. 『에세이문학』 여름호)

대중가요 전성시대

　어느 방송사에서 대중가요 경연 프로그램을 방영한다. TV에선 신인가수가 선배 가수의 노래를 흥겹게 부른다. 세간에 유행하던 노래도 한때는 시련이 많았다. 한참 유행하던 노래도 금지곡으로 지정되면 방송에서 들을 수 없었다. 그 대표적인 예가 이미자의 「동백 아가씨」, 이금희의 「키다리 미스터 김」, 양희은의 「아침 이슬」, 정광태의 「독도는 우리 땅」 등이다. 여기서 「동백 아가씨」는 일본풍이라서, 「키다리 미스터 김」은 키 작은 대통령의 심기가 불편할 것 같아서, 「아침 이슬」은 가사가 불순해서, 「독도는 우리 땅」은 일본과의 관계를 이유로 들고 있다. 변명이 무색할 뿐이다. 금지된 노래는 대부분 집권 정권의 입김이 강했다. 유신 정부에선 무려 2,000여 곡을 금지곡으로 지정했다고 한다.

　어느 방송사에서 여자 가수와 남자 가수 선발 대회가 있었다. 여기서 선발된 가수들이 지방 공연 및 축제 등으로 활동을 시작했다. 하지만 코로나19가 유행하자 정부에선 여러 사람이 모이는 행사를 규제하였다. 그러자 방송사에선 일주일에 한 번씩 그들이 출연하는 프로를 편성해 방영하였다. 그들 대부분은 무명 가수였다. 생계유지를 위해 군고구마 장수나 주먹밥 장수, 택배 알바를 했는가 하면, 장날마다 품바를 따라다니던 장돌뱅이 가수도 있었다.

　같은 노래도 자주 들으면 그 노래가 좋아지게 된다. 그들이 방송에 자주 출연하면서 인기가 높아졌고, 노래가 유행하면서 출연료도 천정부지로 올랐다. 몇몇 가수는 기성 유명 가수보다 출연료가 더 많아지기도 하였다. 그들의 인기가 높아지자 이젠 아나운서나, 개그맨, 성악. 국악, 오페라 가수들도 트로트 가수가 되고자 한다.

　이제 그들은 서러웠던 무명 시절을 잊고 당당한 가수로서 높은 인기를 누리고 있다. 지금도 어느 방송사에선 상금을 내걸고 새로운 가수를 찾고 있다. 대중가요는 유행가라 해서 시대를 살아가는 사람들의 애환을 담아 부르는 노래다. 또한, 그 시대의 사회상을 가늠해 볼 수 있는 노래다.

가수를 많이 선발하다 보면 가수들도 많아지고, 그들 간의 경쟁도 치열해질 것이다.

  지금은 시절이 좋아 금지곡으로 지정되는 노래도 드물다. 요즘이야말로 대중가요 전성시대임이 틀림없다.

(2023. 『대전일보』 한밭춘추)

초승달

　초승달은 어린 계집애이다. 엷게 깨문 입술은 차마 하고 싶은 말도 하지 못하고 망설이는 계집애이다. 즐거울 땐 환하게 웃지만 슬플 때는 울음을 참지 못해 큰 소리로 우는 계집애이다. 수줍어 속마음을 쉽게 드러내진 못하지만, 깊이 감춰 둔 마음은 얼굴에 숨김없이 드러내 보이는 천진난만한 계집애인 것이다.

　초승달은 음력으로 그믐이 지나 초 삼 일경에 뜬다. 모양이 안쪽으로 움푹 패어있어 아기를 재우는 요람 같아, 아기 천사가 평화로이 잠을 자고 있을 것 같다. 그래서일까? 너무 밝으면 잠들지 못할까 봐 그 빛도 희미하다.

초승달은 날이 갈수록 모양이 조금씩 변하기 시작해, 음력 칠일이나 팔일 경이면 안쪽 곡선이 점점 부풀어 올라 상현(上弦)달이 된다. 둥근 쪽이 아래를 향하고 있다 해서 상현달이라 부른다. 초승달의 야위었던 부분이 점점 부풀어 오르기 시작하면 어린 계집애는 조금씩 소녀티를 내기 시작한다. 소녀는 살찐 몸매도 아니요, 그렇다고 얌체처럼 깡마른 몸매도 아니다. 어느 정도 균형이 잡혔지만 야윈 얼굴은 수다를 잘 떨 것 같은 그런 얼굴을 하고 있다. 하지만 그녀는 생각이 많아 좀처럼 말이 없는 꿈 많은 사춘기 소녀인 것이다.

초승달은 눈치가 빠른 소녀가 아니다. 그렇다고 어리석은 소녀도 아니다. 이해타산에 밝아 남에게 손해를 끼칠 것 같지만, 마음이 여려 자신이 먼저 손해를 볼 줄 아는 그런 소녀인 것이다. 그러나 자신이 해야 할 일은 거뜬히 해치우는 조금은 억센 소녀이기도 하다.

초승달은 둥근 원의 변두리 부분에 엷게 붙어서 희미한 빛을 낸다. 그 빛이 보름달처럼 밝지는 않지만, 밤길을 걷는 나그네가 불편해하지 않을 만큼 은빛 가루를 땅 위에 뿌려 준다.

초승달을 자세히 보면 보름달의 흔적이 희미하게 남아 있어, 날이 가면 보름달이 될 수 있다는 꿈을 간직하고 있다. 초승달은 언제나 여유가 있다. 보름이 되면 밝게 비출 수 있다는 희망이 있어 초조해하거나 불안해하지 않고, 밝은 미소를 띠며 대지를 내려다본다.

초승달은 한낮 동쪽 하늘에 살며시 얼굴을 내밀기 때문에 초승달을 본 사람이 별로 없다. 초승달은 밝은 태양이 외출할 때 뒤따라 나서기 때문이다. 초승달은 몸도 야윈 데다 빛 또한 흐려 사람들의 눈에 잘 띄지 않는다. 그래 "초승달은 잰* 며느리가 본다."라는 말도 있지 않던가?

초승달은 현철한 며느리이다. 자신이 할 일은 영리한 머리로 깔끔하게 처리하기 때문이다. 유행하는 옷이나 명품 가방보다는 실속 있게 살아가는 알뜰한 며느리인 것이다. 직장 일을 마치고 퇴근하는 길에 잠깐 시장에 들른 후, 집으로 돌아가는 속이 꽉 찬 워킹맘이다.

초승달은 비록 몸매는 가냘프고 빛 또한 희미하지만 보름달보다 더 여유가 있다. 휘영청 밝은 보름달은 마음씨 곱고 오지랖 넓은 종갓집 맏며느리 같지만, 젊었을 때 일을 많이 해서 몸이 불편한 안방마님의 얼굴이다. 그의 얼굴에선 점점 밝은 빛을 잃어 가는 하현(下弦)달의 모습이 보이기 때문이다.

하현달은 갱년기가 지나 몸이 허약해진 육십 대 여인처럼 보인다. 하현달이 점점 어둠에 묻혀 날이 지나고 보면 하늘엔 그믐달이 뜬다.

그믐달은 그녀가 나이가 들어 허리는 굽고, 걸음걸이마저 어설픈 팔십 대 할머니의 모습이다. 할머니는 나이가 들어 바깥출입이 적고 집 안에만 있는 시간이 많다. 그믐달은 초승달과 같이 빛은 흐리지만 그래도 희망은 있다. 소망을 빌 수 있는 다음 달에 뜨는 초승달이 있기 때문이다.

한 달이 초승달로 시작해서 그믐달로 되돌아가듯, 우리네 인생도 윤회라 해서 돌고 도는 게 아닌가?

할머니가 지키던 방에도 어느덧 세월이 지나고 보면, 새로운 탄생을 알리는 신생아의 울음소리가 들릴 것 같다.

*잰: 행동이 빠르고 활발한 것을 말함.

(2022. 『수필과비평』 2월호)

작은 소망

　어렸을 때 희망은 커서 운전사가 되고 싶었다.
　일 년에 한 번 정도 동네에서 볼 수 있던 것이 트럭이었다. 트럭은 총각이 장가를 가거나 처녀가 시집을 갈 때 그들을 싣고 동네로 왔다. 차가 들어올 때면 동네 어귀에서부터 경적을 여러 차례 울리면서, 개선장군이나 된 것처럼 당당하게 들어왔다. 차가 동네에 들어오면 어른, 애 할 것 없이 모두 나와 신기한 물건을 보듯 차를 구경했다. 자동차를 자주 볼 수 없었던 시골이라서 그랬다. 동네 사람들은 자동차를 한 번 타보는 것이 소원이라면 소원이었다. 그래 나도 커서 운전사가 되어 자동차를 실컷 타고 다니고 싶었다. 요즈음은 매연이라 해서 싫어하는 연소 가스도 그때는 향기롭게 느껴졌다.

성장하면서 하고 싶은 일도 바뀌게 되었다.

사춘기에 접어들면서 가수가 되고 싶었다. 라디오에서 흘러나오는 가수들의 노래를 들었다. 그들의 노래를 따라 부르며 노래를 배웠다. 가수가 좋아 노래를 부르다 보면, 가끔은 내가 가수가 된 것 같은 착각에 빠지기도 하였다. 노래자랑에 나가 입상만 하면 가수가 되는 것이라 생각했다.

화려한 옷을 입고 멋진 무대에서 노래를 한 곡 부른 뒤 큰 박수를 받는 꿈도 꾸었다. 노래자랑에 나가기 위해 열심히 노래를 불렀다. 노래 연습장은 동네 뒤에 있는 산이었다. 그곳에 올라가면 사방을 둘러봐도 사람은 없고, 듬성듬성 서 있는 나무들뿐이었다. 나를 에워싸고 있는 나무들이 유일한 청중이었다. 그곳에서 노래를 부르고 나면 우레와 같은 박수 소리 대신 내 목소리가 메아리 되어 되돌아오곤 하였다.

열심히 연습해서 가수가 되는 것이 꿈이었지만, 노래자랑에 나가 입상을 하고부터 문제가 생겼다. 심사를 했던 작곡가를 만났다. 그는 서울에 가서 몇 개월 교습을 받은 후, 노래 몇 곡을 취입해 줄 테니 부모님 승낙을 받아오라고 하였다. 가수가 되는 것이 꿈이었지만 막상 그의 말을 듣고부터 고민을 하게 되었다.

그 시절 가수는 30대까지가 절정기라 생각되었다. 만약 그때까지 내 노래가 히트를 하지 못한다면 나의 인생은 어떻게 되는 것인가? 화려하고 짧은 인생을 위해 긴 인생을 담보로 보험을 드는 것 같았다. 그렇게 해서 가수가 되는 꿈을 접게 되었다.

그 후, 내 인생을 보다 효율적으로 살기 위해 글을 써 보기로 하였다. 글을 쓰는 일은 나이가 들어도 괜찮을 것 같았다. 나이가 들어갈수록 더 원숙한 글을 쓸 수 있으리라 생각하였다.

직장생활을 하면서도 글 쓰는 연습을 계속하였다. 하지만 글 쓰는 일도 처음 생각했던 것처럼 쉽지 않았다. 수필로 등단을 한 후, 여러 편의 수필을 문학지에 발표했지만 만족할 만한 글이 없었다.

문단 활동을 하면서 여러 수필가로부터 수필집을 받기만 했다. 나는 해마다 수필의 밭에 파종만 하였지 아직 수확하지 못했다. 이제 잘 익은 곡식은 아니지만, 수확할 때가 된 것 같다. 올해는 수확을 해서 여러 수필가에게 나누어 줘야겠다.

지금은 직장생활을 마치고 자유로운 생활을 하고 있다. 건강을 위해 근교에 있는 산에 오르며 생각을 해보았다.

지난날에는 이것저것 해보고 싶은 것도 많았다. 이제 그렇게 욕심을 부리기에는 나의 역량이 부족하다는 것을 안다.

 건강한 몸으로 경관이 좋은 곳을 찾아다니며 구경도 하고, 그곳에서 머물다 돌아오고 싶다. 거기에 욕심 하나를 더 부려 본다면, 짧으면서도 의미가 깊은(文短意長) 글을 한 편 써 보고 싶다.

(2018. 『수필문학』 5월호)

이제는 말하고 싶다

장례식장에 조문하러 갔다가 입구에서 쫓겨났다. 상주가 화를 내며 갖고 간 조화(弔花) 바구니까지 내던져버렸다. 황당하고 부끄러워 얼굴이 달아올랐다. 장례식장 밖에서 기다려봤지만 완강하게 거부하는 바람에 돌아오고 말았다.

그녀가 극단적인 선택을 한 것은 내가 영향을 준 것도 아닌데, 죄인 취급을 당했다.

그녀는 중학교 3학년이었다. 그녀의 책가방에서 담배가 나온 게 사건의 발단이었다. 교직 경험이 없던 담임교사는 곧바로 부모한테 전화해 그녀가 "담배를 피운다."고 말한 후, "학교에 한 번 나와 달라."하였다. 학부모는 그런 일로 학교에 가는 것이 창피해 그녀를 심하게 혼냈던 것이다.

그게 화근이 되어 그녀가 가출하였다. 담임교사가 그녀의 행방을 찾기 위해 여러 번 전화했으나, 화가 난 그녀는 담임교사에게 온갖 욕설을 퍼붓고는 전화를 끊어버렸다. 부모한테서 들은 꾸중을 담임교사에게 화풀이한 것이다. 그 후 그녀는 갈등이 깊어지자 그걸 해결하지 못하고 극단적인 선택을 한 것이다.

문제가 생겼다. 부모는 그녀가 극단적인 선택을 하게 된 원인이 학교 측에 있다고 주장하였다. 물론 학교 측에도 문제가 없는 것은 아니었다. 담임교사가 좀 더 신경을 써서 학생 지도를 해야 했다. 먼저 학생과 상담한 후, 학생이 모르게 학부모를 만나 금연지도를 위한 상담을 해야 했다. 담임교사가 화가 난다고 학부모에게 바로 전화한 것이 잘못이었다.

그 후, 교육청을 비롯한 각 언론기관에서 많은 전화가 왔고, 경찰 조사까지 받았다. 학교 경영을 맡은 책임자로서 신경이 많이 쓰였다.

그러던 중 학부모한테서 전화가 왔다. 졸업 앨범에 그녀의 사진을 넣어주고, 졸업장까지 달라는 것이다. 절에서 사십구재를 올리는데 졸업 앨범과 졸업장을 놓고 싶다고 했다.

교육청에선 사건을 시끄럽게 하지 말고 학부모와 잘 타협해서 조용히 마무리해 주길 바랐다. 모든 시선이 나에게 쏠렸고, 내가 앞장서서 일을 해결해야만 했다. 처음에는 별문제가 아닌 듯싶었으나 주위 사람들의 이야기를 들으면 들을수록 머리가 아팠다. 앨범에 그녀의 사진을 넣는 것은 어려운 일이 아니다. 문제는 졸업장이다. 졸업장을 주는 것은 쉬운 일이 아니었다. 졸업 전에 사망해서 수업일수를 채우지 못한 학생에게 졸업장을 주는 것은 법을 어기는 일이었다. 대부분 주위 사람은 졸업장을 줘서 일을 쉽게 끝내길 바랐다. 하지만 그로 인해 발생하는 일은 모두 나의 책임이었다.

일을 쉽게 해결하지 못하자 가깝게 지내던 지인이 그렇게 속 썩이지 말고 '명예졸업장'이라도 하나 만들어 주라 하였다. 그렇게 해볼까 생각하고 사전을 찾아보니, 명예졸업장은 "학교의 명예를 드높인 사람에게 주는 것."이라고 되어있다. 극단적인 선택을 한 학생은 학교의 명예를 드높인 것이 아니다. 그녀에게 명예졸업장을 준다는 것은 명예졸업장의 근본 취지를 실추시키는 일이다. 생각이 여기에 미치자 명예졸업장을 줄 수 없었다. 누구와 함께 상의할 수도 없고 해서 며칠을 혼자 고민하였다. 대부분 사람은 눈을 딱 감고 졸업장이나 명예졸업장을 만들어 주라 했기 때문이다. 고립무원의 처지가 되어 여러 날을 보냈다.

양심을 저버린다면 졸업장 하나 만들어 주는 것은 그리 어려운 일이 아니다. 내가 책임을 지고 하는 일이라 누구 하나 반대할 사람은 없었다. 하지만 지금까지 학부모가 학교 측에 한 일들을 생각하면, 그 의도를 알 수 없었다. 사십구재에 사용한다는 말만 믿고 졸업장을 발급해 줬다고 하자. 그리되면 공문서를 위조하는 것이 아닌가? 그건 범죄행위다. 만에 하나 학부모가 다른 마음을 먹고 나를 공문서 위조범으로 고발한다면, 어떻게 될 것인가? 또한, 고발하지 않는다는 조건으로 금품을 요구한다면, 나는 계속 학부모의 협박 속에 살아야 할 것 같았다. 이런저런 생각으로 고민을 많이 했다.

그러던 어느 날, 문득 머리를 스쳐 가는 생각이 하나 있었다. '졸업예정 증명서'다. 졸업예정 증명서를 발급해 준다면 학부모도 그리 서운해하지 않을 것 같고, 나도 범죄자가 되지 않는다. 졸업예정 증명서를 발급해 주기로 하였다. 그녀도 극단적인 선택을 하기 전까지는 본교에 재학했기 때문에 졸업예정자가 맞다. 발급 일자는 소급해서 그녀가 극단적인 선택을 하기 전날로 하였다. 졸업예정 증명서를 만들어 졸업장을 넣는 하드 표지 안에 넣었다.

졸업식이 끝났다. 담임교사 편에 그녀의 사진이 들어 있는 졸업 앨범과 졸업예정 증명서를 학부모에게 보냈다.
 늦게나마 그녀의 명복을 빈다.

(2022. 『한국수필』 3월호)

꽃 잔치에 점심만 세 끼

　화창한 봄날. 며칠 전부터 보문산에서 꽃 잔치가 열렸다. 여러 종류의 꽃들이 서로 앞다투어 피는 꽃의 향연이다.
　아내와 함께 보문산으로 꽃구경을 갔다. 만나는 사람마다 벌써 봄 경치에 물들어 웃음꽃이 활짝 피었다. 보문산 입구부터 벚꽃의 향연이 시작되었다. 동물원으로 가는 길 양쪽에는 벚꽃과 개나리꽃, 복숭아꽃까지 피어 온통 꽃들 천지요, 꽃 대궐이다. 동물원을 지나 정생동으로 가는 길 양쪽에도 벚꽃이 흐드러지게 피어 눈은 물론 마음마저 화사해진다.
　꽃구경을 마치고 점심을 먹기 위해 막국수 집으로 갔다. 입구부터 만원이다. 대기 번호표를 받고 자리가 날 때까지 밖에서 기다렸다. 한참을 기다린 후에 겨우 안으로 들어가 자리에 앉아 주문을 했다. 30여 분을 기다려도 음식은 나올 기미조차 없다. 얼마 후, 음식이 나오는가 싶더니 우리보다 늦게 온 사람들한테로 갔다. '착오가 있었겠지.' 생각했는데 다음에 나오는 음식 역시 다른 사람에게로 갔다. 뭔가 이상했다. 다음에 나오는 음식도 우리보다 늦게 온 사람들한테로 갔다. 그러길 몇 차례, 주문받았던 아가씨를 불러 "우리 테이블의 주문이 들어갔느냐?"고 물었더니, "들어갔다."고 했다.

 하지만 아무래도 이상했다. 음식은 계속 나오는데 우리에겐 음식을 갖다 줄 생각을 안 하고 우리보다 늦게 온 사람들에게만 갖다주었다. 화가 나기 시작했다. 이곳에 와 번호표를 받고 밖에서 한참을 대기한 후, 겨우 테이블에 앉아 음식 나오기만 기다렸는데…. 기다린 시간만 해도 벌써 2시간이 넘었다. 더 이상 기다릴 수 없어 카운터로 가 주문표를 보여주며, "우리 테이블의 음식은 언제 나오느냐?"고 물었다. 주문표를 한 참 들여다보던 주인이 "아직 주문이 안 들어갔다."고 한다. 어이가 없었다. 참고 기다리는 데도 한계가 있다. 마음이 상했다. 이곳에서 더 기다린 후 음식을 먹는다 해도 소화가 되지 않을 것 같다. 그렇지 않아도 한 달 전부터 소화불량으로 병원에서 처방해 준 약을 먹고 있었기 때문이다. 치밀어 오르는 화를 참고 식당에서 나왔다.
'이제 어디로 가 점심을 먹나?' 아내는 가끔 이용하는 보리밥집으로 가자고 했다. 보리밥집도 오늘따라 만원이다. 주문을 했더니 밥이 떨어져 새로 짓고 있으니 좀 기다려 달라고 하였다. 이 집에선 점심을 쉽게 먹을 수 있을 것 같아 마음 놓고 기다렸다. 잠시 후 밥이 나왔다. 밥을 야채와 참기름, 고추장을 넣고 맛있게 비볐다. 불그스름한 보리밥이 제법 먹음직스럽다. 한 수저 듬뿍 퍼 입에 넣었다. 부드럽게 씹혀야 할 보리밥이 좀 이상하다. 보리가 잘 씹히질 않고 딱딱한 느낌이 든다. 한참을 씹어야 보리밥이 제대로 씹혔다. 이건 부드러운 보리밥을 씹는 게 아니고 딱딱한 고형물을 씹는 기분이다. 몇 수저 더 떠먹었으나 계속 같은 느낌이다. 주인을 불러 밥을 바꿔 달라고 했더니 밥이 없다고 했다. 이밥은 도저히 먹을 수가 없었다. 자리에서 일어나 계산하는데 주인이 그냥 가라고 한다.
'점심 한 번 먹기 힘들다.' 생각하며 집에 가 먹으려 했으나, 그럴 수는 없었다. 이왕 외출한 김에 다른 식당에 가보기로 하였다. 시간은 벌써 3시가 넘었다.
　지금 밥을 먹는다 해도 저녁때까진 얼마 남지 않았다. 부담 없이 간단하게 먹는 게 좋을 것 같아, 잔치 국숫집으로 갔다. 그 집은 점심시간이 지나서인지 한산했다. 거기서 잔치국수 한 그릇을 시켜 먹었다.

  어릴 적 동네 잔칫집에서 국수를 먹은 적이 있다. 한 그릇 먹고 양이 차지 않으면 다시 몇 그릇 더 달래서 먹었다.

  오늘 봄꽃을 구경하기 위해 보문산 꽃 잔치에 왔다. 화사한 꽃향기에 취해 모처럼 외식 한번 하려다 점심만 세 끼 먹게 되었다.

(2023. 『한국수필』 7월호)

추억으로 가는 길목에서

　광복절이다. 우리나라가 일제의 식민지에서 해방된 날이다. 외출해서 돌아오는 길에 아파트를 보니 태극기를 단 집이 몇 집 안 된다. 아파트 단지의 가구 수에 비해 태극기를 단 집이 아주 적었다.
　국기는 한나라를 상징하는 깃발이다. 태극기가 하늘 높이 펄럭일 때는 가슴이 벅차오르면서 기분이 좋다.
　제2차 세계대전 중, 미군이 일본의 남쪽 섬 이오시마(硫黃島)를 점령했을 때, 해병대원 6명은 수리바치산 정상에 거대한 성조기를 꽂았다. 6·25전쟁 중에도 서울 수복에 나선 해병 제1연대 소속 박정모 소대장은 중앙청을 탈환한 후, 옥상에 걸려 있던 인공기를 걷어내고 태극기를 올렸다.

이렇듯 전쟁 중에도 고지를 점령하거나 상징적인 건물을 탈환하면, 제일 먼저 나라의 상징인 국기를 달았다.

일제 강점기에는 우리 태극기를 자유로이 달 수 없었다. 태극기는 식민지 백성에겐 소중한 물건이었지만 점령군에겐 불온한 물건이었다. 만약 태극기를 달거나 소지하게 되면 불령선인(不逞鮮人)*이라 하여 경찰서나 헌병대에 끌려가 큰 곤욕을 치렀다. 그것은 나라를 빼앗긴 식민지 백성이 겪어야 했던 설움이었다.

유럽 여행을 하다 보면 가정마다 국기를 단 집을 쉽게 볼 수가 있다. 특히 튀르키예의 경우 거의 모든 집이 국기를 달았다.

우리도 전에는 나라사랑 교육이 잘되어서, 국경일이면 대부분 집에서 태극기를 달았다. 그때는 태극기를 달지 않은 집이 드물었고, 달지 않은 집은 사람들에게 부끄러움의 대상이 되었다. 하지만 어느 때부턴가 국가관이 모호해지면서 나라사랑 교육도 흐지부지해져 국기를 다는 집이 적어지기 시작했다.

ㅂ중학교 근무할 때의 일이다. 학생들에게 어떻게 하면 의미 있는 나라사랑 교육을 할까 생각한 끝에 태극기를 별도의 상으로 준 적이 있다. 그리하면 학생들에게 나라사랑 교육도 되고 국가관도 심어줄 것 같아서였다. 태극기를 별도의 상으로 주는 기준은 각종 시·도 대회에 나가 1위 이상

의 수상 실적을 올린 학생들에게 주었다. 시상식은 전교생이 볼 수 있는 전체 조회 시간에 했다.

사람은 누구나 많은 사람 앞에서 자신의 좋은 모습을 보여주거나 자랑하고 싶은 마음이 있는 것 같다. 많은 학생이 태극기 받는 것을 아주 자랑스럽게 생각하고 있었다. 어떤 학생은 태극기를 별도의 상으로 받던 날 기분이 너무 좋아, 하굣길에 태극기를 휘날리며 집에까지 갔다는 이야기도 들렸다.

졸업식 날에는 졸업생 모두에게 태극기를 졸업 선물로 주며 "나라의 소중함을 알고, 나라를 위해 봉사할 수 있는 사람이 되어 달라."고 하였다. 그리고 졸업식이 끝날 때는 졸업생 모두 태극기를 들고 휘날리도록 한 적이 있었다. 이러한 소식을 전해 들은 어느 중소기업의 사장님이 뜻깊은 일을 한다면서, 바람이 불어도 감기지 않는 고급 태극기 100개를 보내주기도 하였다.

사람은 어렸을 적엔 희망에 살고, 젊었을 땐 현실에 묻혀 살며, 나이가 들어선 추억을 그리워하며 산다. 추억으로 가는 길목에서 생각난 일이다.

*불령선인(不逞鮮人): 일제 강점기, 불온하고 불량한 조선 사람이라는 뜻으로, 일본 제국주의자들이 자기네 말을 따르지 않는 한국 사람을 이르던 말이다.

(2022. 『수필과비평』 12월호)

2부

어머니 마음을 잘 몰랐다

구진벼루의 향연
돌탑을 쌓은 뜻은
인간의 회귀 본능
어머니 마음을 잘 몰랐다
이순신 장군을 모신 충렬사와 제승당
병원 순례기
지연 회상력
천 년 향화지지(千年香火之地)가 되었으면
간병대장

구진벼루의 향연

부여보건소 로터리엔 백제 성왕의 좌상(坐像)이 있다. 황금 왕관을 쓰고 용상(龍床)에 앉아 공주 쪽을 바라보고 있다. 부여에다 성왕상을 모신 까닭은 무엇일까? 성왕은 백제 중흥을 위해 토착 귀족 세력의 반대를 무릅쓰고 수도를 웅진에서 사비로 옮겼다. 토착 귀족 세력의 간섭에서 벗어나 자주적으로 백제 중흥을 이루기 위해서였다.

그 무렵 삼국의 정세는 고구려 장수왕의 남침을 막기 위해, 신라와 백제가 나제동맹을 맺어 고구려의 남침을 견제하였다. 그 후, 나제동맹군은 고구려를 침략해 신라는 한강 상류 지역을, 백제는 한강 하류 지역을 각각 차지하였다.

하지만, 이러한 평화도 잠시뿐이었다. 신라 진흥왕은 여기에 만족하지 못하고 다시 고구려와 동맹을 맺고, 백제가 차지했던 한강 하류 지역을 빼앗아 버렸다. 이에 백제는 신라에 빼앗긴 땅을 되찾기 위해, 왕자 창(위덕왕)을 보내 신라 관산성을 공격한다. 이 전투에서 처음엔 백제가 승리하였다. 하지만 한강 유역에 있던 신라 군주 김무력의 군사와 삼년산군(보은) 도도의 군사가 합세하여 관산성을 공격함으로써, 백제군은 위기에 처하게 되었다. 이에 성왕이 아들 창을 격려하고 백제군의 사기를 높이기 위하여 호위병 50명만 거느리고 관산성을 향해 나섰다. 이때 성왕의 동태를 예의 주시하고 있던 신라군은 관산성 부근에 많은 군사를 미리 매복해 놓고, 성왕이 오기만 기다렸다. 날이 저물 무렵 관산성 부근을 지나던 성왕과 호위병들은 매복하고 있던 신라군에 의해 모두 사로잡히게 된다.

성왕이 신라군에게 치욕을 당했다는 곳을 가보고 싶었다. 그곳은 옥천군 군서면에 있는 월전 2리다. 월전 2리에서 서화 천변을 따라가면 벼랑 아래에 성왕의 유적비가 있다. 비가 세워져 있는 곳이 성왕이 신라군에게 사로잡혀 목이 잘린 '구진벼루'란 곳이다. 여기서 '구진'이란 구천(狗川)에서 전래한 말이고, '벼루'란 벼랑이란 뜻이라 한다. 성왕의 죽음을 안타깝게 생각하던 사람들이 뜻을 모아 이곳에 성왕의 유적비를 세운 것이다.

유적비를 바라보았다. 앞면엔 百濟國二十六代聖王遺蹟碑(백제국이십육대성왕유적비)라 새겨 있고, 뒷면엔 성왕의 전사기(戰死記)가 새겨져 있다. 전사기에는 "성왕이 관산성 전투에서 아들 창(위덕왕)을 격려하기 위해, 구진벼루를 지나다가 매복 중인 신라군에게 사로잡혀 이곳에서 목이 잘렸으며, 여기가 성왕의 원혼이 잠든 역사의 현장이다."라고 새겨져 있다.

유적비 앞에 향을 사르고 참배한 후 주변을 둘러보았다. 뒤에는 깎아지른 절벽이요, 그 오른쪽으론 서화 천(狗川)이 굽이져 흐른다. 또한, 좌우에도 산이 병풍처럼 둘려 있고, 앞쪽도 산으로 막혀 있다. 유적비는 앞에 있는 산을 물끄러미 바라보고 있다. 그 산에 원한 맺힌 관산성이 있기 때문이다. 유적비가 세워져 있는 곳은 분지였고 비를 중심으로 사방이 산으로 둘려 있어, 어디 한 곳도 훤히 뚫린 곳이 없다. 따라서 성왕이 신라군의 공격을 받았을 때 쉽게 빠져나갈 수 없을 것 같았다. 이곳에 왔던 성왕과 호위군은 어떻게 되었을까?

신라군에게 사로잡힌 성왕은 노비 출신의 장수 도도에게 목이 잘렸다. 그 후, 머리는 신라 사람들이 많이 다니는 궁궐의 도당(都堂) 계단 아래에 묻고, 나머지 유해는 백제로 보냈다. 성왕의 머리를 계단 아래에 묻은 것은, 사람들이 많이 밟고 다님으로써 신라인에겐 우월감을 주고, 백제인에겐 치욕감을 안겨 주려 했던 것 같다.

성왕이 전사했다는 소식에 백제군은 전의를 상실해 후퇴하기 시작했다. 이에 신라군은 후퇴하는 백제군을 공격해서 달솔 4명과 29,600명의 병사를 몰살시켰다. 관산성 전투에서 대패한 백제군은 한동안 실의에 빠져 있었고, 왕자 창은 아버지를 지키지 못한 죄책감과 전쟁에 패한 수치심에 참회의 나날을 보내고 있었다. 그는 아버지가 전사한 후에도 한동안 왕위에 오르지 않고 죄책감에 승려가 되려 하였다. 하지만 신하들의 강력한 만류로 출가를 포기하고 왕위에 올랐다. 그는 왕위에 오른 후, 능산리에 절을 세우고 아버지의 극락왕생을 기원하였다. 그때 사용했다고 추정되는 백제금동대향로가 능산리 절터에서 나왔다.

국립부여박물관에서 백제금동대향로를 본 적이 있다. 향로의 뚜껑 위에 있는 손잡이는 봉황이 여의주를 물고 날개를 펴 날아갈 기세다. 그 아래에 있는 뚜껑은 높이가 다른 여러 산이 겹겹이 둘러싸여 있고, 몸체는 연꽃으로 장식되어 있다. 그리고 아래에 있는 받침대는 한 마리의 용이 몸체의 연꽃을 입에 물고 승천하려는 형상이다. 향로가 너무 아름답고 신비롭다.

어쩌면 이렇게 섬세하고 아름다운 향로를 만들었을까? 향로를 보면서 위덕왕이 아버지에 대한 효심이 얼마나 지극했나를 짐작할 수 있었다.

유적비 앞에 피어 둔 향에선 아직도 연기가 피어오른다. 하늘을 향해 곱게 피어오르는 향연(香煙)이다.

관산성을 바라보는 성왕의 유적비를 다시 보았다. 머릿돌에 새겨 놓은 두 마리의 용이 여의주를 물고 곧 승천하려 한다. 머릿돌에 조각된 용의 모습에서 백제금동대향로를 받치고 있던 용의 모습도 보인다.

아버지의 원혼(冤魂)을 달래기 위해 아침저녁으로 백제금동대향로에 향을 피우는 위덕왕의 모습이 보인다. 어느덧 백제금동대향로에서 피어난 향연도 하늘을 향해 춤을 추며 피어오르고 있다.

(2022.『월간문학』 10월호)

돌탑을 쌓은 뜻은

친구와 함께 보문 산길을 걷는다. 일주일에 한 번씩 만나 산행 후 점심을 같이한다.

산행길은 나무 그늘이 많아 뜨거운 여름에도 햇볕이 별로 들지 않아 걷기에 좋다. 한동안 걷다가 돌탑 앞에 이르면 숨이 차 벤치에 앉아 잠깐 쉬어 간다. 오늘은 우리가 쉬는 벤치에 한 남자가 먼저 와 앉아 신문을 보고 있다. 하는 수 없이 그 옆 벤치에 앉았다. 심심하던 차에 후배에게 전화를 걸어 안부를 물었다. 같이 온 친구도 누군가에게 전화를 한다.

잠시 후, 벤치 앞에 있는 돌탑을 바라보았다. 누가 쌓았는지 산에 있는 돌들을 여기저기서 날라 와 공들여 쌓은 범종 모양의 탑이다. 탑 뒤로는 아름드리 참

나무가 높게 자라 듬직하게 서 있다. 참나무 몇 가지는 우산을 펼친 것처럼 돌탑 위로 넓게 뻗어, 뜨거운 볕을 가려주고 비바람도 막아준다. 오늘따라 참나무 가지 사이로 보이는 파란 하늘이 돌탑과 어우러져 운치를 한층 더해 준다.

여기 돌탑도 지난번 태풍 때 탑의 윗부분이 무너져 내렸다. 하지만, 며칠 후에 와보니 누군가 무너진 부분을 다시 쌓아 올려놓은 게 아닌가. 공들여 쌓은 흔적이 보인다. 매일 이 길을 걸었지만, 탑을 보수하는 사람을 본 적이 없다. 누군가 사람의 통행이 뜸한 시간에 와서 돌탑을 쌓은 모양이다. 언제부턴가 돌탑 옆 소나무 기둥엔 빗자루 하나가 기대고 서 있다. 누가 언제 쓸었는지 돌탑 주변은 항상 깨끗했다. 누군가는 돌탑을 지날 때마다 공손히 두 손을 모아 기도하고 지나간다.

돌탑을 보며 생각해 보았다. 탑은 본래 부처의 유골이나 유품을 모신 후 공양하기 위해 쌓았으나, 요즈음은 공덕을 기리거나 치성을 드리기 위해 쌓기도 한다. 여기에 있는 돌탑은 '누가, 왜, 쌓았을까?' 돌탑을 쌓은 사람의 마음이 궁금했다.

탑 주위는 언제나 조용했다. 이따금 바람에 실려 스쳐 가는 새소리가 이마에 맺힌 땀을 식혀준다.

어디선가 작은 소리가 들린다. 친구와 나의 핸드폰 벨 소리가 아니다. 분명 소리가 났는데 어디서 나는 소리인지 알 수 없다. 다시 소리가 들린다. 아주 작은 소리다. 주변을 둘러봐도 아무것도 보이지 않는데 소리는 계속해서 들렸다. 풀벌레 소리와 같다. 두리번거리며 소리가 나는 곳을 찾아봤지만 찾을 수 없다. 주변을 둘러보다 벤치 밑을 내려다보았다. 지난가을에 떨어진 낙엽만 수북이 쌓여 있다. 하지만 소리는 계속해서 벤치 밑에서 들렸다. 벤치 밑을 자세히 보니, 갈색 낙엽 더미 사이로 낙엽 색깔과 비슷한 물건이 하나 보였다. 핸드폰이다. 그 핸드폰에서 풀벌레 소리가 계속해서 났다. 주인 잃은 핸드폰은 풀벌레 소리를 내며 애타게 주인을 찾고 있었다.

  핸드폰을 들어 수신 버튼을 눌렀다. 건너편에서 여자의 목소리가 들린다. "여보세요." 했더니, 잃어버린 물건을 찾았다는 듯 안도의 숨소리가 들린다. 그 여자가 만나자고 한다. 하지만 여기는 산속이라 내가 산행을 마치고 내려가려면 시간이 걸린다. 그래 1시간 후에 다시 전화해 주기로 하였다.

  이젠 핸드폰 주인도 마음이 놓였을 것 같다. 그래도 핸드폰 주인이 애타게 기다릴 것 같아 평소보다 빠른 걸음으로 걸었다. 그녀가 사는 집 근처로 가 전화를 했다. 얼마 후, 40대 후반의 여자가 나왔다. 핸드폰 케이스 속에 있던 운전면허증의 주인은 60대 후반의 여자였는데, 젊은 여자가 나온 것이다. 핸드폰 주인이 아닌 것 같다.

"핸드폰 주인이냐?"고 묻자, "주인은 사정이 있어 자신이 대신 나왔다."고 한다. 그러면서 얼마의 돈을 주려 했다. 마음이 상했다. 돈을 받기 위해 핸드폰을 찾아준 것이 아니라, 주인의 밝은 표정을 보기 위해서였는데….

호의를 거절하고 돌아오는 길에 핸드폰 주인한테서 전화가 왔다. "미안하다."며, "언제 한 번 만나 식사 대접을 하고 싶다."고 했다.

지금까지의 일들을 생각해 보았다. 오늘따라 다른 벤치에 앉게 되었고, 마침 그때 핸드폰 벨이 울렸다. 우연일지라도, 뭔가 의미가 있는 것 같다.

돌탑을 보며, '이 탑을 쌓은 사람은 무슨 생각으로 탑을 쌓았을까?' 하고 다시 한번 생각해 보았다.

내가 산행을 하는 이유는 심신의 건강을 위해서였다. 하지만, 돌탑 앞에서의 일들을 생각해 보면, 나보다 먼저 이웃을 생각하며 사는 것이 더 큰 행복이란 걸 알았다.

오늘도 산행길에 돌탑 앞 벤치에 앉아, 돌탑을 쌓은 사람의 마음을 헤아려 본다.

(2022. 『문학 秀』 11·12월호)

인간의 회귀 본능

내가 태어나 처음 만난 사람들은 가족이다. 어렸을 적엔 가족의 세심한 보살핌 속에, 집 안에서 살았다. 그 후, 걸음마를 배우고 점점 자라서 이웃에 사는 또래 친구들과 만나 놀기 시작했다. 이때 만난 친구들의 숫자는 적었으나, 남자 여자 구분 없이 만나 소꿉놀이 등을 하며 놀았다.

이렇게 이웃에 사는 친구들과 만나 놀다가 초등학교에 입학하면서부터 갑자기 친구들이 많아졌고, 그들이 사는 지역도 넓어졌다. 이때 만난 친구들은 동네는 물론, 이웃 동네에 사는 친구들이었다.

6년의 세월이 흘러 중학교에 입학하면서, 더 너른 곳에 사는 친구들과도 만나게 되었다. 중학교 때는 행정구역상 다른 면(面)에 사는 친구들도 만나 사귀게 되었다. 하지만 그들은 학교에서만 만났지, 수업이 끝난 후에는 자주 만나지 못했다. 집이 학교에서 멀리 떨어져 있어 수업이 끝나면 바삐 집으로 돌아가야 했기 때문이다.

고등학교에 진학해서는 같은 군(郡)에 사는 친구들도 만났지만, 다른 군에 사는 친구들도 만나게 되어, 친구를 사귀는 지역의 범위가 더 넓어졌다. 고등학교 때는 진로 및 이성에 대한 고민이 많았던 시기였다. 하지만 고민을 아무한테나 쉽게 털어놓고 말할 수 없어, 친한 친구에게 이야기할 수밖에 없었다.

사춘기, 인생의 변환기에 겪을 수 있었던 많은 고민을 친구들과 마음을 털어놓고 이야기할 수 있었고, 진학이나 취업 등에 관한 고민도 서로 나눌 수 있었다. 고등학교 때 친구들은 학창 시절에 많은 정이 들었기 때문에 사회에 나가서도 동창 모임 등을 통해 자주 만났다. 따라서 고등학교 때 친구들은 초·중학교 때 친구들보다 더 깊은 정이 들었다.

대학에 들어가서 처음엔 같은 과 학생들과 어울렸는데, 이때는 친구라기보다 동기란 말이 더 어울릴 것 같다. 같은 과에는 나이가 비슷한 사람도 있었지만, 재수생이나 휴학 또는 군대에서 제대한 복학생들이 있었기 때문에 동기란 말이 맞을 것 같다. 대학에선 4년 동안 수학하면서 만난 사람들도 있지만, 동호회 활동을 하면서 만난 사람들도 있다. 이때 만난 사람들과는 전공이나 취업 정보 등을 교류하며 지내게 된다. 따라서 대학에서 만난 사람들은 전에 만났던 친구들에 비해 친근한 마음이 덜했다.

　대학을 졸업하고 취업하면 직장에서 사람들과 만나게 된다. 이때 만난 사람들과는 업무 관계로 친하게 지낼 수 있지만, 인사이동으로 헤어지게 되면 다시 멀어질 수 있다. 따라서 속마음까지 주고받는 사이가 되기는 어려울 것이다. 직장에서 만난 사람은 대부분 업무 관계나 직급의 상하관계로 이어지는 경우가 많아, 학창 시절에 만났던 친구들처럼 정으로 맺어지기가 쉽지 않다.

　직장에서 퇴직한 후에는 동창회나, 취미활동 동호회에서 사람들을 만나게 된다. 퇴직하고 만나는 사람들은 어렸을 때와 같이 주로 가족이나 이웃들이다.

　생각해 보면 살아가면서 만나는 사람들은 서로의 인생 편력에 따라 다소 차이가 있을 것이다. 하지만 대부분은 처음에 그랬던 것처럼, 가족을 만나는 것으로 시작해 다시 가족과 만나게 된다. 그리고 생활하면서 이웃과도 만난다.

　만나고 헤어짐은 나이와 환경에 따라 서로 다를 수 있지만, 사람이 세상을 살아가는 순리인 것이다. 하천에서 태어난 물고기가 바다로 나가 성장한 뒤, 다시 태어난 하천으로 돌아오듯, 인간도 회귀 본능이 있는 것일까? 처음 태어났을 때처럼 처음의 자리로 되돌아온다는 것을 알았다.

(2023. 『한국수필』 10월호)

어머니 마음을 잘 몰랐다

　날씨가 갑자기 추워졌다. 보통 추위가 아니다. 찬바람이 얼굴을 때리니 귓불마저 움츠러든다.
　중학교 때의 겨울 저녁이다. 매서운 강바람은 살갗을 에이듯 차가웠다. 그런 강바람을 맞고 집에 돌아오면, 어머니는 "아이고 우리 아들 얼마나 고생했냐?"며 내 두 손을 당겨 어머니 배에 넣어주셨다. 어머니는 얼음처럼 차가운 내 손을 아무 기색 없이 배에 넣어 따뜻하게 녹여주셨다. 어머니의 체온은 칼바람에 얼었던 내 손도 이내 따뜻하게 녹여주셨다. 그때 나는 내 손 따뜻함만 알았지, 어머니가 소름 끼칠 듯 차가울 것이란 걸 몰랐다.
　어렸을 적 우리 집에는 장수들이 많이 왔다. 동네

에서 시장이 멀어 장수들이 동네로 와 집마다 찾아다니며 물건을 팔았다. 요즘으로 말하면 방문 판매라 할 것이다. 장수들은 비단 장수나 여인들이 필요로 하는 물건을 파는 방물장수들이었다. 우리 집엔 아버지가 계시지 않아 장수들의 단골집이었다. 동네를 찾아온 장수들은 거의 우리 집에서 저녁을 먹고 잠까지 자고 갔다. 어머니 자신은 굶더라도 그들에게 꼭 저녁을 먹였고 좁은 방에서 잠까지 재워 보냈다. 그럴 때마다 나는 불만이었다. 장수들 때문에 어머니가 저녁을 굶는 게 싫었고, 방이 좁아 잠자리가 불편했기 때문이다.

지금 생각해 보면 어머니는 자식들이 잘되라고 자신을 희생하면서까지 덕을 베푸셨던 것 같다. 오늘 내가 어려움 없이 살고 있는 것도 다 어머니 때문으로 알고 있다. 하지만 그때는 어머니의 마음을 몰라 불평을 했다.

무더운 여름날, 햇볕이 뜨거워 숨쉬기조차 어려울 때 어머니를 따라 밭을 매러 갔다. 나는 밭을 조금 매다 너무 더위 나무 그늘에 가 쉴 때도 어머니는 쉬지 않고 계속 밭을 매셨다. 그때 나는 어머니는 더위를 잘 타지 않는 줄 알았다. 그래 별생각 없이 그늘에서 쉬곤 하였다.

어머니를 모시고 옷을 사 드리기 위해 백화점엘 갔다. 어머니가 전통시장에 가자고 하시는 걸 마다하고 백화점으로 갔다. 백화점에서 비싸고 좋은 옷을 사드리고 싶어 그랬다. 여성 옷 파는 가게를 여기저기 돌아봐도 어머니가 마음 들어 하시는 옷이 없었다. 결국 그곳에서 옷을 사지 못하고 전통시장으로 갔다. 그곳에서 어머니 마음에 드는 옷을 고를 수 있었다. 어머니가 굳이 전통시장에 가자고 하셨던 것은 아들이 돈을 많이 쓸까 봐 그랬던 것 같다. 백화점에 갔을 때도 나는 그런 어머니의 마음을 몰랐다.

어머니께 맛있는 음식을 사드리기 위해 횟집을 갔다. 그때만 해도 횟값이 비싸 자주 갈 수 없었던 때였다. 어머니가 좋아하실 줄만 알고 그곳으로 갔다. 하지만 나의 기대와는 달리 어머니는 회를 몇 점 드시고는 더 이상 들지 않으셨다. "왜 그러시냐?"고 여쭈어봤더니, "음식이 너무 차서 먹기가 거북하다."고 하셨다. 내 생각엔 비싼 음식을 사드리는 것이 어머니를 위하는 것으로 생각했는데, 어머니 입에는 맞지 않았던 모양이다.

그 후 외식을 하기 위해 음식점에 갈 때는 따뜻한 찌개나 국물이 있는 음식을 주문하곤 하였다. 어머니를 모시고 참게탕 집에 갔을 때였다. 그곳에서 어머니가 모처럼 너무 맛있게 드시는 것을 보았다. 참게탕은 어머니가 시골에 사실 때 자주 드셨던 음식이기 때문에 그 맛을 기억해 맛있게 드셨던 것 같다. 지금도 참게탕 집을 찾을 때면 어머니의 모습이 떠오르곤 한다.

　어머니는 가끔 TV를 켜놓고 주무시곤 하셨다. 그러면 나는 TV를 끄고 주무시라고 말씀드리곤 했다.

　또한, 가스 불에 음식을 올려놓은 걸 깜빡 잊어버릴 때도 있으셨다. 그럴 때마다 어머니께 핀잔했던 기억이 있다.

　하지만 나는 지금 어머니 나이도 되지 않았는데 TV를 켜놓고 자거나, 가스 불에 음식을 올려놓은 걸 잊을 때가 있다.

　생각해 보면 나는 어머니를 몰라도 너무 몰랐던 것 같다. 뒤늦게라도 잘못을 빌고 싶으나, 어머니가 내 곁에 계시지 않으니 어찌할 것인가.

(2023.『그린에세이』11·12월호)

이순신 장군을 모신
충렬사와 제승당

　한산대첩의 현장을 가보고 싶었다. 통영으로 가서 먼저 이순신 장군의 영정과 위패가 모셔 있는 충렬사를 찾았다. 충렬사에는 충무공 이순신 장군의 영정과 위패가 모셔 있는데, 그곳에 가려면 여섯 개의 문을 지나야 한다. 첫 번째 문인 홍살문을 지나 계단을 오르면 정문이 나온다. 이어 이 층 누각(樓閣)으로 된 강한루(江漢樓)의 영모문을 지나면 외삼문이 있다. 외삼문의 좌우에는 장군의 공적을 기리는 충렬묘비명(忠烈廟碑銘)을 비롯한 여러 통제사의 비각(碑閣)들이 있다.

　외삼문을 지나 중문으로 들어서면 좌우에 제례를 준비하는 동재와 서재가 있다. 그곳에서 조금 더 올라가면 여섯 번째 문인 내삼문이 나온다.

그 안으로 들어서면 장군의 위패와 영정이 모셔진 정당(正堂)이 있다. 중앙에 장군의 영정이 모셔 있고 좌우에 명나라 신종이 장군에게 보낸 여덟 가지 물품인 팔사품(八賜品)을 그린 병풍이 있다.

장군의 영정을 보며, "이순신은 우람한 장군의 용모는 아니고, 항상 말과 웃음이 적고 용모가 단정하여 근신하는 선비와 같았으나, 안으로는 담기가 있었다."고 기록한 유성룡의 징비록이 생각난다.

장군은 위기에서 나라를 구한 민족의 성웅이요, 만세에 길이 빛날 우국충정(憂國衷情)의 표상이 아니던가. 그래서였을까? 장군의 영정과 위패를 여섯 개의 문 깊은 곳에 모셨는가 보다.

정당에서 내려오는 길에 전시관에 들렀다. 입구 양쪽에 지자총통과 현자총통이 나란히 전시관을 지키고 있다. 안에는 충렬사 팔사품과 정조가 통제사에게 내린 어제사제문(御製賜祭文), 충무공전서, 오늘날 해군의 관함식과 같은 수조도 병풍(水操圖屛風) 등이 전시되어 있다.

충렬사에서 나와 한산도 제승당으로 가기 위해 여객선 터미널로 갔다. 여객선을 타고 10여 분 정도를 가면 좁은 해역을 벗어나 넓은 바다가 나온다. 아마 이곳이 임진왜란 당시 장군이 학익진을 펼쳐 왜군을 크게 무찔렀던 한산대첩의 현장인 것 같다.

　한산대첩이 시작되기 전날이었다. 왜군 장수 와키사카가 이끄는 왜군의 선박 73척이 거제와 고성의 경계 지점인 견내량에 정박하고 있었다. 견내량은 수로가 좁고 암초가 많아 조선 수군의 판옥선이 싸우기엔 어려운 곳이었다. 이에 장군은 왜선을 수로가 넓은 한산 앞바다로 유인할 계획을 세웠다.

　1592년 7월 8일. 장군은 판옥선 5, 6척을 견내량으로 보내 왜선을 기습하고 퇴각하라는 명령을 내렸다. 갑작스러운 조선 수군의 공격을 받은 왜군은 판옥선을 잡기 위해 모든 왜선을 총동원하였다. 판옥선은 견내량을 빠져나와 수로가 넓은 한산 앞바다로 나왔다. 그곳엔 이미 장군의 많은 조선 수군이 학익진을 펼치고 왜선을 기다리고 있었다. 조선 수군의 함선에서 지자총통, 현자총통, 승자총통이 왜선을 향해 발사됐다. 조선 수군의 공격을 받은 왜군은 우왕좌왕하다 왜선 47척이 격침되고 12척이 포획되었으며, 14척만이 도주하고 말았다. 이렇게 거둔 큰 승리를 우리는 임진왜란 3대첩 중의 하나인 한산대첩이라 부른다.

　이윽고 너른 바다를 지나던 여객선이 한산도 앞 좁은 수로로 들어섰다. 들어오는 입구는 좁고 안은 넓다. 그 모양이 호리병처럼 생긴 한산만이다. 임진왜란 당시 조선 수군의 함선이 숨어 있기에 아주 적합한 천연 요새였다.

여객선이 한산도 제승당항에 도착했다. 그곳에서 걸어 800m 정도를 가면 제승당이 나온다. 이곳이 삼도 수군의 본영으로 조선수군의 사령부였던 수군 통제영이다. 제승당 안에는 팔사품을 그린 병풍이 있고, 벽면에 한산대첩도를 비롯한 4개의 임진왜란 승전도가 그려져 있어, 임진왜란 당시의 현황을 볼 수 있었다. 장군은 이곳에서 3년 8개월 동안 삼도 수군을 지휘했고, 『난중일기』 1,491일 중 1,029일을 썼으며, 나라를 걱정하는 시를 남겼다.

장군의 영정이 모셔 있는 충무사로 갔다. 이곳에서 봄, 가을에 제사를 올리고, 한산대첩 기념일(양력 8월 14일)에는 해군작전사령관 및 해군사관학교 생도들이 참배한다고 한다. 충무사 안에는 장군의 영정이 모셔있고, 장군이 송나라 역사를 읽고 썼던 독후감을 병풍으로 만들어 놓았다.

내려오는 길에 활을 쏘던 한산정을 돌아본 후, 한산 앞바다가 보이는 수루(戍樓)로 올라갔다. 장군은 이곳에서 왜적의 동태를 살폈고, 천지신명께 "왜적을 물리쳐 달라."고 기도를 하며 우국충정의 시를 읊었다. 수루에는 장군의 「한산도가(閑山島歌)」가 걸려 있다. "한산섬 달 밝은 밤에…."로 시작되는 「한산도가」를 읊조리며, 달밤에 나라를 걱정하며 읊었던 장군의 음성을 들어 본다.

(2020. 『한글문학』 봄·여름호)

병원 순례기

시간이 멈춘 것 같은 날이다. 어제저녁부터 소화가 잘 안 되고 아랫배가 더부룩한 느낌이 들었다. 증세가 오래된 변비로 관장을 하기 전과 같은 느낌이었다. 전기 찜질기를 배 위에 올려놓고 낫기를 기다려도 증세는 호전되지 않았다. 오전에 진료를 잘한다는 내과로 갔다. 의사는 침대 위에 올라가 누우라 하더니 배를 몇 군데 눌러보고, 다리도 오므렸다가 펴기를 몇 차례 하더니, 별 이상이 없다고 한다. 그러면서 이상이 있으면 다시 오라 하였다.

집에 돌아온 후에도 차도는 없고 배 속은 계속 불편했다. 점심을 먹고 자주 다니는 한의원으로 갔다. 그곳에선 소화 불량 증세로 알고 팔과 다리 등 몇 군

데에 침을 맞고 물리치료까지 하고 돌아왔다. 그 후에도 아픈 증세는 그대로였다. 다시 전기 찜질기를 배 위에 올려놓고 차도가 있기를 기다려 보았다. 저녁 무렵이 되자 통증이 더 심해서 도저히 참을 수가 없다. 전에 변비가 심할 때 치료했던 항장외과로 전화를 했으나 의사들은 이미 퇴근을 한 후였다. 하는 수 없이 가까이 있는 외과에 전화를 했더니 퇴근을 해야 하니 빨리 오라고 했다.

집에서 걸어갈 수 있는 가까운 거리였지만 복부 통증이 너무 심해 도저히 걸어갈 수 없었다. 택시를 불러 타고 병원에 갔으나 바로 진료를 할 수 없었다. 의사는 이미 다른 환자를 진료하고 있었다. 고통을 참으며 그곳에서 30여 분을 기다렸다. 통증은 점점 더 심해 가는데 의사는 진료실에서 나오질 않는다. 도저히 참을 수 없어 대기실 바닥에 누워버렸다.

의사의 진료 결과 맹장이 터진 것 같다고 했다. CT 촬영을 해봐야 하는데 촬영 기사가 퇴근을 해서 촬영할 수 없으니, 종합병원 응급실로 가 보라 한다. 배 속에선 뭔가 끊어질 듯한 통증이 왔다. 아픈 배를 움켜쥔 채 택시를 타고 대학병원 응급실로 갔다. 진찰 결과 맹장이 터져 복막염이 되었다 한다. 그래 빨리 수술을 해야 한다고 했다. 응급실 침대에 누워서 4시간을 보냈다. 입원할 준비를 하지 않고 집에서 여름옷만 입고 나왔기 때문에 냉방이 잘된 병원에선 춥기만 했다. 몸이 떨리고 한기까지 왔다. 밤 10시가 넘어서 마취 후 수술을 했다.

처음에 갔던 외과에서 진찰만 잘했더라면 하루 만에 퇴원할 수 있는 맹장 수술이 복막염이 되어 10일간 병원 신세를 지게 되었다. 하루에 4곳의 병원을 순례하느라 고통스럽고 지루했던 하루가 그렇게 지나갔다.

과거는 추억으로 남고, 현재는 즐거움과 고통으로 나뉘며, 미래는 아름다운 꿈이 된다. 하지만 사람들은 현재의 일에 묻혀 행복과 불행이 반복하는 시간 속에 살아가고 있다. 행복한 시간은 화살처럼 빠르게 지나가지만, 불행한 시간은 지루한 고통으로 인해 느리게 간다는 것을 실감할 수 있는 하루였다.

(2020. 『현대문예』 7·8월호)

지연 회상력

전화벨이 울린다. 아침에 출근하려고 집에서 나간 딸이 차가 없어졌다고 한다. 깜짝 놀라 "무슨 이야기를 하느냐?"고 했다. 분명 어젯밤에 딸의 차를 타고 와 아파트 주차장엔 자리가 없을 것 같아, 길가에 주차하고 집으로 들어왔다. 그런데 '차가 없다니, 이게 무슨 말인가?'

"잠시 기다려 보라."고 한 뒤, 혹시 주차한 곳을 못 찾아 그런가 하고 뒤따라 나가 어젯밤에 주차했던 곳으로 가 봤으나 차가 없었다. 텅 비어 있는 주차 공간을 딸과 함께 바라보는 심정은 허탈함 바로 그 자체였다. 참으로 황당한 일이다.

차를 새로 한 대 사줘야 할 것 같다. 다행히 며칠

만 있으면 여름방학이라 그때 가서 차를 사 주기로 마음먹었다. 하지만 허망할 뿐이다. '좋은 차도 아닌데 누가 가져갔을까? 차를 다시 사야 한다.' 생각하니 어이가 없었다.

하는 수 없이 오늘은 내가 딸을 출근시켜 줄 수밖에 없었다. 딸의 직장이 너무 멀어 버스를 타고 간다고 해도 몇 번 갈아타야 하고, 시간도 2시간 정도 걸릴 것 같아 지각할 것이 뻔하다. 또한, 택시를 타고 간다고 해도 별 뾰족한 수가 없을 것 같아 내 차로 출근시켜 주기로 하였다.

집으로 들어와 출근하려고 옷을 입는데 딸한테서 전화가 왔다.

"차가 아파트 주차장에 있다."는 것이다.

참으로 이상한 일이다. 분명 어젯밤에 차를 길가에 주차하고 들어왔는데 차가 아파트 주차장에 있다니….

뒤통수를 한 대 얻어맞은 기분이다.

어젯밤 동창들과 모임이 있어 주차하기 편리한 딸의 차를 타고 나갔다. 모임이 끝나고 밤늦게 돌아와서 아파트 주차장엔 자리가 없을 것 같아 차를 길가에 주차하고 집에 들어가는데, 마침 아파트 주차장에 자리가 하나 있어 다시 차를 아파트 주차장에 주차하고 들어간 것이다.

이젠 나도 기억의 한계를 느끼는 것 같다. 바로 어젯밤의 일도 기억해 내지 못하니 문제가 있긴 있는 모양이다.

얼마 전엔 집에 들어가려고 아파트 공동현관의 출입문을 열기 위해 번호 키를 눌렀으나 문이 열리지 않았다. 생각나는 대로 몇 차례 번호를 눌러봤지만 소용없어 하는 수 없이 아내에게 전화를 걸어 문을 열고 들어간 적이 있었다.

마침 오늘은 휴일이라 마땅히 할 일도 없고 해서 아침 일찍부터 신문을 보고 있는데 친구한테서 전화가 왔다.

그는 화가 난 목소리로 다짜고짜 "지금 뭐 하고 있느냐?"는 것이다. 듣기엔 좀 거북했지만, 그가 무슨 이유로 아침부터 화를 내는지 잘 모르겠다.

이어서 그는 "친구들이 모두 서대전역 대합실에 모여 있다."는 것이다. 그제야 생각이 났다.

며칠 전 동창 모임에서 뇌종양으로 수술을 받고 서울의 한 병원에 입원 중인 친구를 문병을 하러 가기로 하였다. 그래서 그가 문병 갈 사람의 수를 미리 파악해 기차표를 예매했고, 나도 함께 가기로 약속했다. 그리해서 서울로 문병을 가기로 한 날이 바로 오늘이었다.

참으로 황당했다. 며칠 전까지만 해도 약속 일자를 달력에 표시해 놓았고, 핸드폰에도 일정을 저장해 놓았는데, 막상 오늘 아침에 와서 깜빡 잊어버린 것이다.

'혹시 치매가 온 게 아닐까? 벌써 치매가 왔다면 문제가 아닌가.'

요즈음 나이 든 사람들이 자신을 위로하고자 하는 이야기가 있다.

"눈이 침침해서 잘 보이지 않는 것은 좋은 것만 보고 좋지 않은 것은 보지 말라는 뜻이고, 귀가 잘 들리지 않는 것은 좋은 말만 듣고 나쁜 말은 듣지 말라는 뜻이며, 기억이 잘 나지 않고 쉽게 잊어버리는 것은 좋은 생각만 하고 좋지 않은 생각은 잊어버리라."는 이야기다.

하지만 좋지 않은 생각을 잊어버리려다가 필요한 것까지 몽땅 잊어버린 건 아닐까.

아직은 지적 기능 전반에 걸쳐서 장애를 일으키지 않았으니 치매는 아닐 것 같고, 시간이 지난 후엔 저절로 생각이 나는 걸 보면 지연 회상력이거나, 뇌의 검색능력이 일시적 장애를 일으킨 건망증일 것 같다.

(2013. 『에세이문학』 여름호)

천 년 향화지지(千年香火之地)가 되었으면

어린 시절, 파진산과 파란 하늘을 바라보며 교가를 힘차게 불렀던 부여 남산초등학교가 2010년 2월에 폐교가 된다고 한다.

지금 보면 좁은 운동장이지만 그때는 운동장을 한 바퀴 돌고 나면 숨이 찰 정도로 꽤 넓었다.

운동장 오른쪽에 그네가 있고 그 옆에 수령(樹齡)이 오래된 아름드리 버드나무와 회색 옷을 입은 큰 바위가 하나 있었다. 버드나무는 무더운 여름이 되면 시원한 그늘을 넓게 드리워 아이들의 쉼터가 되었다. 그리고 교사(校舍) 앞쪽 울타리 부근에 미루나무가 한 줄로 서 있던 남산초등학교.

초겨울이면 선생님을 따라 인근에 있는 야산으로

가 겨울 연료로 쓸 나무를 해 오기도 하였다. 그러한 추억들이 이제는 세월의 흐름 저편 언덕에 고스란히 묻혀 있다.

초등학교 시절의 여러 가지 추억들이 있지만, 그래도 기억에 남아 있는 것이 있다면 그것은 가을 운동회다. 만국기가 파란 하늘을 수 놓고 많은 사람이 모여 운동장을 뜨겁게 달구던 가을 운동회.

운동장에 제일 먼저 천막을 쳤던 사람은 가마솥을 걸고 점심을 팔던 국밥장수였다. 그 뒤를 따라 사과장수, 풍선에 바람을 넣어 어린 동심을 유혹하던 풍선장수, 오색무늬가 바람을 맞아 돌아가던 바람개비장수 등이 자리를 차지했다. 부모님들은 자식에게 점심을 먹이기 위해 고구마, 땅콩, 밤 등을 삶아서 운동회가 시작되기 전에 학교에 오셨다.

가을 운동회를 할 때쯤이면 날씨가 제법 쌀쌀했다. 아침에 집을 나설 때부터 흰 메리야스와 검은 팬티차림으로 등교를 하다 보면, 어깨가 움츠러들었고 움츠러진 어깨를 펴기 위해 우리는 뛰어서 학교로 갔다. 하지만 운동회가 주는 즐거움이 쌀쌀한 늦가을 날씨를 잊게 했다.

등하굣길 개구쟁이 친구들은 길가에 웃고 있는 코스모스의 꽃을 꺾어 손가락 사이에 끼운 후, 친구의 등에다 세게 때리면 하얀 메리야스는 코스모스 꽃무늬로 컬러 프린팅이 되었고, 그것이 빌미가 되어 말다툼으로까지 이어졌다.

운동회는 청군과 백군으로 나누어 시작하였고, 그 종목으로는 릴레이, 고전무용, 기마전, 줄다리기 등이 있었다. 운동회 최고의 절정은 어른들끼리 겨루는 마을 대항 경기였다. 통학구역에 속했던 각 동네는 전통적인 씨족사회였다. 따라서 장하리는 강 씨, 상·하왕리는 조 씨, 북고리는 문 씨, 사산리는 구 씨, 지토리에는 남 씨가 모여 살았다. 때문에 마을 대항 경기는 각 동네의 자존심을 건 대결이었다. 경기가 시작되기 전부터 응원전으로 달아올랐던 열기는, 경기가 끝날 무렵 결승전에서 승리한 마을과 패배한 마을 간의 싸움으로 막을 내리기도 하였다.

그래도 운동회는 여러 동네 사람들이 함께 어우러져 서로 간의 친목을 도모했던 시골 마을의 가장 큰 행사였고 잔치마당이었다.

그런 추억들이 고스란히 남아 있던 교사(校舍)와 운동장이었는데, 이제 전교 학생 수가 30여 명으로까지 줄어 폐교에까지 이르다니 섭섭하기만 하다. 이제 운동장에서 뛰어놀거나 교실에서 공부하는 학생들을 볼 수 없게 되었다.

지금은 고향을 떠나 생활하고 있지만, 학교 옆에 있는 선산에 할아버지의 산소가 있어 일 년에 두 번은 성묘를 하기 위해 초등학교 앞을 지나갔다. 그 앞을 지날 때마다 교정을 바라보며 초등학교 시절의 추억을 더듬어 보곤 했는데, 이젠 텅 빈 교정과 잡초가 우거질 운동장을 생각하니 벌써 섭섭한 마음이 앞선다.

학교가 폐교되면 남산초등학교는 앞으로 어떻게 되는 것일까?

학교의 모습을 그대로 보존해줬으면 좋겠다. 그리하여 젊은 졸업생들은 명절 때 고향에 와 학교를 한 번씩 둘러보며 옛 추억을 더듬어 볼 수 있는 자리가 되고, 나이 든 졸업생들은 동창 친구들을 만날 수 있는 만남의 장소가 되었으면 좋겠다.

김제시 만경면 화포리에 가면 조선 시대 인조 때 고승(高僧) 진묵대사의 어머니 묘(墓)가 있다. 진묵대사가 효자인지라 자신이 살아있을 땐 어머니를 모시며 살았지만, 승려인 자신이 죽고 나면 자손이 없어 어머니 묘를 돌봐 줄 사람이 없었다. 그래서 대사는 자손 없이도 천 년 동안 어머니 묘를 돌봐 주는 방법을 생각한 끝에 천 년 동안 향불이 끊이지 않는 명당, 천 년 향화지지(千年香火之地)에 어머니를 모셨다. 그리고 자신의 어머니 묘를 돌봐 주거나 모셔 준다면 죽어서라도 그 은혜를 갚겠다는 유언을 남겼다.

그 결과 400여 년이 흐른 지금도 전국에서 많은 사람이 그곳을 찾아와 향불을 사르고 제물을 바치며 정성껏 모시고 있다. 여느 왕릉 부럽지 않게 묘역을 깨끗하게 정비했으며 묘 옆에는 묘를 관리하는 성모암(聖母庵)이란 암자까지 있다.

남산초등학교도 얼마 안 있으면 폐교가 되겠지만, 진묵 대사의 어머니 묘처럼 학생 없이도 많은 사람이 찾아올 수 있는 그런 자리가 되었으면 한다.

(2010. 『한국수필』 2월호)

간병대장

몸이 불편해서 병원에 입원했다. 6인실인데 병실이 너무 시끄럽다. 이곳에 있는 환자들은 혼자 거동을 못 해 각자 여자 간병인의 보호를 받고 있었다.

그 간병인 중 유독 목소리가 큰 여자 간병인이 하나 있었다. 그녀는 언변과 수완이 좋아서 그런지 동료 간병인들이 우상처럼 떠받들고 있다. 그녀는 다른 간병인들에게 간섭도 많이 하는 것 같았다. 가끔 다른 병실에 있는 간병인들이 그녀를 불러 가곤 하였다. 그녀는 다른 병실에 다녀올 때마다 자랑을 많이 했다. 어느 병실에 있는 간병인이 자신에게 음식 대접했다거나 선물을 줬다고 자랑하였다. 마치 자신이 간병인들의 대장인 양 행세했다.

그렇게 위풍당당했던 그녀의 기세가 꺾이기 시작한 것은, 내 옆 침상에 노환자가 들어오고부터였다.

회사 직원인 듯한 젊은 여자가 아침 일찍부터 노환자의 시중을 들고 있다. 하루 세끼 먹을 찬거리를 마련해 와 곁에 있던 간병대장에게 부탁을 한다. 노환자의 간병인이 올 때까지 잘 보살펴 달라는 부탁이다. 간병대장은 노환자가 어느 회사의 회장인 걸 알고부터는 아주 부드러운 목소리로 접근하기 시작했다. 틈만 나면 그녀는 자신이 돌보던 환자에겐 별 관심이 없었고, 노환자 곁에 와 있었다.

노환자에겐 예약된 간병인이 오기로 되어 있었으나, 사정 있어 하루 늦게 온다는 연락이 왔다. 기회를 잘 포착한 간병대장은 노환자에게 자신이 더 좋은 간병인을 소개해 줄 테니 예약된 간병인을 취소하라 하였다.

얼마 후, 자신이 소개한 간병인이 병실로 오자 간병대장은 그녀를 데리고 병실 밖으로 나갔다. 잠시 후, 간병인을 데리고 들어 온 간병대장은 노환자에게 간병인을 소개했다. 간병대장은 밖에서 자신이 소개한 간병인에게 노환자의 신분을 이야기한 후, 그들만의 대화를 나눈 것 같다.

병실에서 간병대장의 위세는 생각한 것보다 컸다.

환자 두 사람이 중환자실에서 이곳으로 새로 들어왔다. 그 환자 중 한 사람은 목소리도 크고 재채기를 할 때마다 그 소리가 너무 커, 병실 사람들을 깜짝깜짝 놀라게 했다. 게다가 핸드폰도 스피커폰으로 소리를 크게 해놓고 새벽 4시부터 전화를 해, 병실 사람들을 피로하게 하였다. 병실에 있던 환자들은 그런 환경에 적응하기 어려웠다. 하지만 환자들은 서로 눈치만 볼 뿐 아무도 그 환자에게 말을 못 하고 있을 때도, 간병대장은 그 문제를 쉽게 해결해 주었다.

노환자는 이곳 병실에서 하룻밤을 보낸 후, 이튿날 오후 특실로 갔다. 이때도 간병대장은 노환자를 따라나섰다. 그녀는 자신이 맡아 간병하던 환자는 항상 뒷전이었다.

그녀가 간병하던 환자는 허리디스크가 암으로 전이되어 항암치료를 받아야 한다고 했다. 하지만 치료비가 너무 비싸 방사선 치료를 포기하고 있었다. 모아둔 재산이 별로 없어 자신이 항암치료를 받게 되면 자식에게 부담이 될 것을 염려해 그랬다.

간병대장의 아들이 부산에서 온다고 했다. 그래 자신이 맡은 환자의 아들에게 전화를 해 아버지의 병간호를 하룻밤 부탁하고 집으로 갔다. 환자의 아들이 와 아버지와 도란도란 이야기하며 하룻밤을 지냈다. 아침에 간병대장한테서 다시 전화가 왔다. 사정이 있어 하루 더 집에서 머물다 온다고 했다. 환자의 아들은 하룻밤을 더 아버지 곁에서 보낸 후 아침 일찍 출근했다.

간병대장이 돌아왔다. 돌아온 후에도 그녀는 자신이 간병하는 환자에겐 별 관심이 없고, 특실로 간 노환자에게만 관심이 있었다. 병실에 와 환자를 목욕시킨 후, 화장실을 다녀오더니 혼자 씨부렁거린다. 환자가 배설한 용변을 주무르고 있다고 했다. 그녀는 환자를 깨끗이 씻겨 병실에 데려다 놓은 후, 노환자한테로 갔다.

얼마 후, 병실에서 '쿵' 하고 물건 떨어지는 소리가 났다. 커튼을 열고 주변을 둘러봐도 떨어진 물건이 없다. 다시 커튼을 치고 누워있는데 경찰들이 우르르 몰려왔다. 이 병실에서 환자가 투신했다는 것이다. 깜짝 놀라서 일어났다. 간병대장이 맡아 간병하던 환자가 창문에 있던 방충망을 찢고 아래로 몸을 던졌던 것이다. 조금 전에 '쿵' 하고 들렸던 소리는 물건 떨어지는 소리가 아니고, 그 환자가 9층에서 떨어진 소리였다. 병실에 있던 누구도 그 환자의 행동을 보지 못했다. 모두 침대 둘레에 있는 커튼을 치고 있었기 때문이다.

마음이 착잡했다. 같은 병실에서 자살 사건이 일어나다니…. 그 기분은 뭐라 말할 수 없었다.

병실로 온 간병대장의 얼굴이 새파래졌다. 그녀가 환자 곁을 비운 사이에 일어난 일이다.

이번에도 그녀는 언변이 좋았다. 잠시 화장실에 간 사이 일어난 일이라 했다. 게다가 평소 자신이 변비가 있어 화장실에서 바로 나오지 못했다며 변명을 하였다.

　사실 그녀는 그 시간에 노환자가 입원하고 있던 특실에 가 있었다.

　환자의 아들이 왔다. 들리는 이야기로는 환자가 숨은 쉬고 있었으나, 온몸에 중상을 입어 회복이 불가능한 상태라 했다. 그래 아들이 산소 호흡기를 떼라 했다고 한다.

　인생이란 참 묘한 것이다. 그는 아들과 하룻밤만 지내기로 했으나, 간병인이 하루 늦게 오는 바람에 하룻밤을 더 아들과 함께 보내고, 저세상으로 떠난 것이다.

　조사를 위해 경찰이 간병대장을 데리고 나갔다. 그 뒤로 간병대장은 병실에서 다시 볼 수 없었다.

(2022.『푸른솔문학』가을호)

3부

사비성과 알람브라 궁전

사비성과 알람브라 궁전
미소가 열어 준 문
바위에 누워 있는 나그네
행운목
밀사는 어디 가고 하멜만 남아
선진국으로 가는 길목에서
나의 꿈
많은 성씨가 모여 조화를 이룬 곳
호랑이보다 더 무서운 것

사비성과 알람브라 궁전

　나·당 연합군에 의해 백제가 멸망하자 의자왕은 백마강 뱃길을 따라 당나라로 끌려간다. 이때 백성들은 의자왕의 마지막 모습이라도 보기 위해 갓개포구가 있는 유왕산에 올라 왕의 선단(船團)이 오기만 기다렸다. 이윽고 왕을 실은 배가 포구에 머물지 않고 지나가 버리자 백성들은 땅을 치며 통곡했다.
　스페인 그라나다의 보압딜왕은 카스티야와 아라곤 연합군에 의해 알람브라 궁전이 포위되자 저항도 한 번 하지 않고 항복했다. 궁전이 얼마나 아름다웠기에 싸워보지도 않고 궁전의 열쇠를 내주었단 말인가. 보압딜왕이 그토록 사랑했던 알람브라 궁전….
　사비성의 궁궐이 나·당 연합군에 의해 모두 불타버

렸다면, 알람브라 궁전은 연합국의 이사벨 여왕과 페르난도 왕에 의해 그대로 보존되었다.

　의자왕이 백마강 뱃길을 따라 눈물을 흘리며 당나라로 끌려갔다면, 보압딜왕은 말을 타고 시애라 네바다 산맥에 올라 알람브라 궁전을 바라보고, 회한의 눈물을 흘리며 아프리카로 떠났다.

　불타버린 사비성에 화려했던 백제의 옛 모습은 찾을 길 없고, 이따금 군창지에서 발견되는 불에 탄 군량미만이 잊힌 사비성의 전설을 말해주고 있다.

　그래도 다행이다. 그렇게 치열했던 전쟁 통에도 그 모습을 온전히 보존한 유물이 있었으니, 그게 바로 정림사지오층석탑이다. 그 탑만이 사비성을 대표하는 유물로 남아 부여를 찾는 관광객을 맞이하고 있다.

　사비성의 터줏대감이 된 정림사지오층석탑. 탑은 몸체의 모서리마다 기둥을 세워 아래는 넓고 위로 올라갈수록 좁아져 안정된 모습으로 의젓하게 서 있다. 장중하면서 부드럽고, 육중하면서도 경쾌한 백제 예술의 세련된 모습을 그대로 보여주고 있다.

　역사는 승자의 것이라 했던가? 이 탑도 전에는 평제탑(平濟塔)이라 불렀다. 당의 장수 소정방이 백제를 멸망시킨 후, 탑 몸체와 탑 지붕의 받침돌에 총 2,126자의 '大唐平百濟國

碑銘(대당평백제국비명)'이란 제목으로, 자신의 공적을 새겨 놓았기 때문이다. 글은 당나라 사람 하수량(賀遂亮)이 짓고, 글씨는 권회소(權懷素)가 썼다.

건축가들이 말하길, 세계에서 가장 아름다운 건축물은 동양에는 타지마할이요, 서양에는 알람브라(Alhamra) 궁전이라 했다. 궁전이 얼마나 아름다웠으면 침략군도 수개월 동안 궁전을 포위한 채 공격하지 않았고, 보압딜왕도 궁전이 파괴될 것을 염려하여 싸우지 않고 항복했단 말인가. 나라보다 알람브라 궁전을 더 사랑했던 보압딜왕. 그가 그토록 사랑했던 알람브라 궁전으로 가 보자.

궁전에서 가장 아름답다는 아벤세라헤스 방으로 갔다. 들어가는 입구에 예쁜 레이스 커튼 모양의 아치와 그 위에 있는 벽 장식무늬가 너무나 섬세하고 정교하다. 어느 장인의 섬세한 손끝으로 곱게 짜놓은 레이스라고나 할까? 그곳에 들어서는 사람 모두 고개를 들어 천장을 바라본다. 천장은 반구형으로 되어 있다. 꼭짓점이 8개인 별 모양으로 된 입체적 천장엔 각각 2개씩 16개의 창문이 있다. 해가 뜰 때면 창으로 들어오는 빛이 5,000개의 정교한 벌집 모양에 비춰, 천장에선 환상적인 빛의 향연이 시작된다. 여기저기서 영롱한 빛에 취한 사람들의 탄성이 들리기 시작한다. 이 방은 기하학적 문양의 타일과 벌집 모양으로 세공된 종유

석이 화려함의 극치를 이룬다.

하지만 이렇게 화려하고 아름다운 방에도 슬픈 사연이 숨겨져 있었다. 후궁이 아벤세라헤스 가문의 남자를 몰래 사랑한 까닭에, 그 가문의 남자 36명이 이 방에서 살해되었던 것이다.

화려한 아벤세라헤스 방을 뒤로하고 알람브라 성 밖에 있는 헤네랄리페 궁전으로 간다. 이곳은 꽃과 나무와 물이 조화를 이루고 있는 여름 별궁이다. 길 양쪽에 조경이 잘된 사이프러스 나무가 병풍처럼 둘러 있고, 그곳에서 들리는 새소리와 물소리가 조화를 이룬다. 이곳은 50여 m의 직사각형 수로를 건물이 에워싸고 있는 스페인식 정원이다. 수로 양쪽에 경사지게 지그재그로 설치한 분수가 하늘을 향하고 있다. 그 분수에서 서로 교차해 나오는 가느다란 물줄기가 포물선을 그리며 수로에 떨어진다. 그 모양이 잘 그려 놓은 한 폭의 산수화다. 수로에 떨어지는 물소리와 새소리가 서로 조화를 이뤄 악기에서 나오는 소리와 같다. 이때 어디선가 애잔한 기타 소리가 바람결에 들려온다. 그래서였을까? 프란시스코 타레가는 이곳의 아름다운 풍광에 취해, 불후의 명곡「알람브라 궁전의 추억」을 작곡했다고 한다.

알람브라 궁전. 혼자 보기엔 아깝고, 여럿이 보면 여기저기서 탄성이 절로 터져 나오는 그런 궁전이다.

빛과 공간, 물과 건축물이 완벽한 조화를 이룬 곳, 그래 그라나다에선 "눈이 먼 것이야말로 최악의 형벌이다."란 말이 나온 것 같다.

 그러면 사비성을 찾아온 나그네들은 항상 허전한 마음을 안고 돌아가야 하는가?

 알람브라에 헤네랄리페 별궁이 있다면, 사비성 남쪽엔 궁남지가 있다. 많은 사람이 궁남지 옛터에 핀 연꽃들을 보며 화려했던 옛 사비성의 추억을 그리워하고 있다.

 사비성에도 나·당 연합군의 눈을 피해 꼭꼭 숨겨 놓았던 또 하나의 귀중한 보물이 있었다. 그것은 백제 예술의 진수요, 조각 예술의 걸작품인 백제금동대향로이다.

 향로는 크게 4부분으로 구성되어 있다. 봉황 모양의 손잡이와 뚜껑, 몸체와 용 모양의 받침대이다. 손잡이에 있는 봉황은 향로의 맨 꼭대기에 앉아 목과 부리로 여의주를 품고 날개를 펴 곧 날아갈 형상이다. 또한 뚜껑에는 산, 악사, 사람, 동물 등 101개의 형상이 있고, 연꽃 모양으로 된 몸체엔 불사조, 물고기 등 26마리의 동물들을 돋을새김하였다. 그리고 맨 아래의 받침대에는 용이 몸체인 연꽃을 입에 물고 승천하려는 기상이다.

 향로를 자세히 들여다본다. 참으로 기묘하게 생겼다. 12폭 너른 병풍에도 그려 넣기 어려운 120여 개의 많은 형상

(形象)을 이 작은 향로에 모두 새겨 넣었다. 이 향로는 사람이 만든 게 아니다. 신이 빚어 놓고 사람이 감상하는 향로인 것이다. 아름답고 정교한 조각 예술과 주조 기법을 합성해 놓은 사비 백제의 종합예술인 것이다.

백제금동대향로. 그 신비롭고 생동감 넘치는 자태는 두 눈으로 보기엔 너무 벅차서, 가슴 깊이 간직할 수밖에….

비록 궁궐은 불타고 없지만, 화려하고 찬란했던 사비 백제의 문화는 정림사지오층석탑과 백제금동대향로가 대신하고 있었다.

역사란 우리가 기억하고 공유할 때만 그 가치가 더욱 소중하다고 할 것이다.

사비성과 알람브라 궁전은 이렇듯 서로 같은 듯하면서 다른 특징이 있었다.

(2023. 『계간수필』 봄호)

미소가 열어 준 문

한 여학생이 내 책상 서랍을 뒤지고 있다. 주위에 여러 선생님이 있는데도 그녀는 아랑곳하지 않고 서랍을 뒤졌다. 아무도 그녀의 행동을 제지하거나 나무라지 않고 바라만 보고 있다. 처음 보는 일이라 당황했다.

ㅁ중학교에 교감으로 발령받은 첫날, 잠시 자리를 비운 사이에 일어난 일이다. 그녀의 행동을 멈추게 했지만 어이가 없었다. 무슨 학교가 이렇게 규율이 없단 말인가? 하지만 그녀는 아무 일 없었다는 듯 미소를 지으며 교무실에서 나갔다. 그녀의 행동이 너무 상식 밖이라 곁에 있는 선생님께 물어보았다. 선생님은 웃으면서, 그녀는 지적장애가 있는 학생으로 가끔

교무실에 와 선생님들의 책상 서랍을 열고 사탕 같은 게 있으면 꺼내 간다고 했다. 선생님들은 그런 일이 자주 있었기 때문인지 그녀의 행동을 낯설게 보지 않았다.

그 뒤로도 가끔 그녀는 교무실에 와 내 책상 서랍을 열었다. 나도 그녀를 위해 서랍에 사탕을 넣어 두었다. 이제 그녀의 얼굴도 낯이 익어서 그녀도 나를 보면 웃으며 지냈다.

교장 자격연수를 받을 때였다. 토요일이라 집에서 쉬고 있는데, 교장선생님한테서 전화가 왔다. 학교에 나와 달라고 하신다.

내가 연수를 받는 동안 학교에서 폭력 사건이 일어났던 것이다. 여학생 몇 명이 그녀를 폭행한 것이다. 학생들 간의 폭력도 문제가 되지만 장애 학생과 관련된 일이라 문제가 더 심각했다.

학교로 갔다. 학생부장은 그녀가 입원한 병원에 합의를 보러 갔고, 교무실엔 몇 명의 부장 선생이 학생부장이 돌아오기만 기다리고 있었다. 두어 시간을 기다려도 학생부장은 오지 않았다. 더 기다릴 수가 없어 병원으로 갔다. 학생부장이 낙심한 표정으로 병원 복도에 앉아 있다. 아마 타협이 잘 안 되는 모양이다. 학생부장이 그녀의 어머니를 만났으나, 너무 완강하게 거절하는 바람에 말도 제대로 붙여보지 못하고 나왔다고 한다. "내가 한번 병실로 들어가 봐야겠다."고 했더니, 학생부장은 '당신이 들어가도 뾰족한 수가 없을 것 같다.'는 표정이다.

병실로 들어갔다. 그녀와 어머니가 함께 있었다. 그녀는 나를 보자 반갑다는 듯 웃으면서 냉장고에서 음료수 한 병을 꺼내주었다. 그녀의 어머니가 깜짝 놀라며, "누구냐?"고 묻는다. "교감 선생님."이라고 대답하자. 그녀의 어머니는 "학교에서 온 사람들은 다 똑같다."며 부정적인 시선으로 나를 쳐다보았다.

나는 "딸이 다니는 학교의 교감인데, 지금은 연수 중이라서 사건의 내용을 잘 모르는데 내가 딸하고는 아주 친하게 지냈다."고 말하자, 내 말이 맞는지 그녀에게 확인을 한다. 그녀가 "그렇다."라고 하자 경계심을 좀 푸는 듯했다. 그러고 나서 눈물을 흘리며 내게 자초지종을 이야기하였다.

학생부에서 이번 사건을 조사하였다. 그때, 그녀의 어머니가 담임선생을 찾아가 가해자의 진술서를 달라고 하자 순진한 담임선생은 아무 생각 없이 진술서를 내주었다. 그 사실을 알게 된 가해자 학부모들은 앞으로 일어나는 모든 문제는 학교 측의 책임이라며, 사건의 책임을 학교 측에 전가하였다. 학교 측 입장이 난처하게 되자 선생님들이 담임선생의 처사를 비난하기 시작하였다. 입장이 난처해진 담임

선생은 자신의 잘못으로 일이 꼬이게 되자 진술서를 찾으러 병원으로 갔다. 마침 아무도 없는 병실 침대 위에 진술서가 보이자 그걸 몰래 가지고 왔다.

그녀의 어머니가 학교로 찾아와 진술서를 훔쳐 갔다고 항의하였다. 이제 학교 측은 가해자와 피해자 모두의 공격 대상이 되고 말았다. 교장 선생님은 사건이 더 커지는 것을 염려해 피해자 학부모에게 치료비를 포함한 모든 정신적 피해 보상을 해주겠다는 조건으로 합의를 보라하고, 학생부장을 병원으로 보냈던 것이다.

어머니는 자신의 억울한 심정을 모두 말하고 나서, 선혈이 낭자한 그녀의 흰 교복을 내게 보여주었다.

어머니의 요구 사항은 예상했던 것보다 간단했다. 가해 학생들의 사과와 함께 자기 딸이 다른 학생들한테 따돌림 당하지 않고, 계속 학교에 다니기를 원했다.

병실에서 나와 가해 학생들을 모두 병원으로 불렀다. 가해 학생들이 왔다. 그들에게 병실에 들어가서 피해 학생의 어머니께 무조건 "잘못했다."고 빌라 하였다.

하지만 그들은 내 생각과는 달리 아주 영악했다. 자신들이 잘못했다고 빌면, 그걸 근거로 폭행 사건의 책임을 자기들에게 물을 것이란 걸 미리 알고 있었다. 이미 부모로부터 철저히 교육을 받고 왔던 것이다. 그런 줄도 모르고 무조건

잘못했다며 빌라 했던 내가 참 어리석었다.

　가해자 부모들은 사건이 커질 것에 대비해 이미 법조계 인사들을 만나 자문을 구했고, 변호사까지 선임해 놓았던 것이다. 그러고 보니 중재를 하는 내 처지가 난처하게 되었다.

　학생들을 데리고 병실로 갔다. 그들에게 사과하라고 하자, 그들은 아무 말도 하지 않았다. 오히려 잘못이 없다는 듯 떡 버티고 서 있었다. 그녀의 어머니 보기가 민망했다. 이러다간 합의고 뭐고 일이 다 틀어져 버릴 것 같았다.

　고민 끝에 학생들에게 "야, 이○들아! 당장 무릎을 꿇지 못해!"라고 큰소리로 욕을 해 부쳤다. 내 목소리에 당황한 그들은 얼떨결에 피해자 어머니 앞에 모두 무릎을 꿇었다. 그러고 나서, 그들에게 "미안해요."라고 빌라 했다. 잘못했다고 말하면 나중에 가해자 학부모들이 모든 책임을 내게 전가할 것 같아서 그랬다. 그들은 마지못해 기어들어 가는 목소리로 "미안해요."라고 말했다.

　그녀의 어머니가 그들의 손을 번갈아 잡아 주며 눈물을 흘린다.

　평소 그녀와 나누었던 작은 미소가 굳게 닫혔던 소통의 문을 열어준 것만 같다.

(2021. 『수필문학추천작가회 사화집』)

바위에 누워 있는 나그네

　너럭바위에 누워 흘러가는 흰 구름을 본다. 바람에 실려 가다 부드러운 솜털모양으로 옅게 흩어지고, 연기처럼 날아가다 사라지기도 한다. 그 뒤에 다른 모양의 구름이 밀려와 파란 하늘을 배경으로 그림을 그린다. 하늘에 떠가는 흰 구름 속에는 흐르는 세월에 묻혀 잊어버린 어린 시절의 모습도 보인다.
　어린 시절 소에게 풀을 뜯길 때면 풀이 많은 들판으로 끌고 가 풀을 뜯게 놔두고, 나무 그늘에 누워 하늘을 바라보았다. 하늘에 흘러가는 흰 구름을 보며 '구름은 그림을 잘 그리는 화가'라는 생각을 하였다. 구름이 그리는 그림에는 사람도 있고, 꽃도 있으며, 코끼리, 사자 등의 동물도 있었다.

구름은 바람을 타고 유유히 흘러갔다. 시골이라 외지로의 출입이 거의 없었기 때문에 구름을 타고 정처 없이 흘러 가보지 못했던 새로운 세상을 한번 가보고 싶었다.

날씨는 땀을 뻘뻘 흘릴 정도로 무더웠지만, 가끔 불어오는 바람이 있어 그래도 견딜 만했다. 하지만 마음속으론 뜨거운 해가 빨리 지고 저녁이 되기만 기다렸다. 해가 저물어야 소를 몰고 집으로 돌아갈 수 있었기 때문이다.

어린 시절의 여름은 더위를 피하기보다 더위를 맞으며 다녔다.

돈 한 푼이라도 아끼려고 어머니는 일꾼을 사서 일할 때도 있었지만, 웬만한 논, 밭의 일은 집안 식구끼리 해결하셨다. 따라서 나는 뜨거운 여름 햇볕을 받으며 밭을 매거나 소를 돌봐야 했다.

그런 습관이 몸에 길든 탓인지 여름이 되어도 피서라는 말이 그리 실감이 나지 않았다. 하지만 결혼을 하고 가장이 되면서부터 내 생각만 고집할 수는 없었다. 아내는 물론 아이들의 입장도 생각해야 했다.

다른 사람들처럼 해외로 나가거나 호화로운 피서를 즐기지 못했지만, 피서란 이름으로 나들이 정도는 한 번 떠나야 했다.

그래서 찾은 곳이 계룡산에 숨겨져 있는 신원사와 그 옆에 있는 계곡이다.

신원사는 계룡산 연천봉 남쪽 자락에 자리한 사찰로, 백제 의자왕 때 보덕 화상이 창건한 이래 여러 차례 중창을 거쳐 오늘에 이르고 있다. 주변에 수려한 소나무들이 울창하고 옆 계곡에 물이 흐르고 있어 여름 더위를 피하기엔 안성맞춤인 곳이다.

사찰 입구에 있는 가파른 돌계단을 오르면 사천왕문이 있다. 그곳에 들어서면 대웅전과 마당 한가운데 있는 석탑이 한눈에 보인다.

여느 절에서 보는 것처럼 웅장하거나 화려하지는 않지만 순수해서 누구나 쉽게 다가가고 싶은 마음이 든다. 대웅전 앞마당엔 석탑을 중심으로 사람들이 다닐 수 있도록 만든 T자 모양의 길을 제외하고는 푸른 잔디가 깔려있어 포근하면서도 친근한 마음이 든다. 게다가 사람들의 왕래가 적고 꾸밈이 없어 고즈넉한 산속의 사찰 모습 그대로이다.

대웅전에서 내려와 잔디밭 사이로 난 길을 따라 왼쪽으로 가면 우리나라 산악신앙의 대표적 유물인 중악단(中嶽壇)이 나온다. 중악단은 조선 태조 3년에 왕실에서 처음 제사를 지냈고, 효종 때 폐지했으나 고종 때 명성 황후의 명에 의해 다시 지어진 건물이다.

중악단 앞마당에도 잔디가 깔려있다. 잔디 중앙에다 맷돌을 한 줄로 길게 놓아 중악단으로 가는 길을 만들었다.

중악단은 묘향산의 상악단과 지리산의 하악단과 더불어

삼악단 중의 하나로, 나라에서 계룡산 산신님께 제사를 지내던 곳이다.

또한, 이곳은 조선의 건국설화와도 관련이 있다고 한다.

이성계가 고려를 멸망시키고 조선을 건국하려는 야심에서, 전국에 있는 유명한 산을 찾아다니며 산신님께 기도를 올렸다. 하지만 이상하게도 기도를 올릴 때마다 호랑이가 나타나 방해를 하는 것이 아닌가. 그래 무학 대사에게 물어 해결방안을 찾았다. 무학 대사가 말하기를 "산신 중의 어머니 격인 계룡산 산신님께 정성껏 기도를 올려 승낙을 얻어 내라." 한 것이다. 어머니가 승낙하면 자식들은 하는 수 없이 어머니의 말을 따르기 때문이란 것이다.

이 말을 들은 이성계는 계룡산을 찾아가 지극정성으로 기도를 올리자 산신님이 나타나, "내가 나라를 세우게 해 줄 테니 사람의 생명을 아끼고 덕을 베풀어 민심을 얻으라." 했다고 전한다.

중악단을 나와 작은 오층석탑이 있는 텃밭 길로 가면 계룡산 등산로가 있다.

등산로 아래에 있는 계곡에서 물 흐르는 소리가 들린다. 너른 반석 위로 흐르는 맑은 물. 이삼백여 명이 앉아도 넉넉할 만큼 넓은 바위 위로 물이 흐른다. 바위를 어루만지며 미끄러지듯 흐르는 맑은 물. 그 투명함이 수정과 같아 여기 흐르는 물이 옥계수가 아니고 무엇이랴.

이곳이 바로 내가 찾는 피서지인 곳이다.

계곡에 물이 흐르고 계곡 양옆에 햇볕을 가려주는 나무 그늘이 있어, 삶의 번뇌와 도심 생활에서 생긴 피로를 풀기에 적당한 곳이다.

편편한 너른 반석 위쪽에 작은 폭포가 있어 떨어지는 물을 온몸으로 맞을 수 있고, 물가에 앉아 흐르는 물에 발을 담가 더위를 식힐 수도 있다.

더위가 좀 가셨다 싶으면 너럭바위에 누워 하늘을 본다.

특별히 한 일도 없으면서 바쁘게 세월만 보낸 것 같다. 이렇게 한가로이 누워 흘러가는 흰 구름을 바라볼 여유도 없이 살았다.

바위에 누워 하늘을 보니 흰 구름 사이에 보이는 하늘이 더없이 파랗다. 어릴 때 풀밭에서 누워 보았던 바로 그 하늘이다. 파란 하늘을 배경으로 오늘도 흰 구름은 그림을 그린다. 구름이 그린 그림 속에서 새소리, 매미 소리가 배경 음악으로 들린다. 도시를 떠나 이곳 신원사 계곡으로 온 나그네는 마음이 더 한가로워질 수밖에 없다.

흰 구름 떠가는 하늘에 신선이 노닌다면 바위에 누워있는 나그네를 무엇이라 부를 것인가?

얼마나 누워 있었을까? 더위가 사라지고 몸에서 한기가 느껴진다.

(2011. 『수필문학』 9월호)

행운목

아침에 어느 할머니가 짐수레에 음료수와 행운목을 싣고 사무실로 오셨다. 어디서 많이 본 듯한 할머니인데 쉽게 생각이 나질 않는다.

얼마 전 어버이날을 맞아 학교에서 장한 어버이를 표창한 적이 있다. 어려운 환경에서도 자녀를 올바르게 교육한 어버이를 선발해 표창한 것이다. 그때 각 학년에서 올라온 표창 대상자 서류를 보면서 내가 미처 생각하지 못한 부분이 있다는 것을 알았다. 훌륭한 어버이를 표창하는데 서류엔 어머니는 한 분이고 할머니가 세 분이나 되었다.

어버이날이 되어 그분들을 사무실로 모셨다. 차를 마시며 이야기하는 도중 궁금한 점이 있었다. 전에는 어려운 환경에서도 자녀들을 올바르게 교육하는 부모들이 있었는데, 부모 대신에 할머니들이 오시다니….

할머니들이 왜 손자 손녀를 돌보고 있었을까?

젊은 시절에도 자식들을 키우고 교육시키느라 힘이 들었는데 자식들을 다 출가시키고, 이제 한 시름 놓았는가 싶었는데, 늙은 나이에 다시 손자, 손녀들까지 맡아 키우고 계셨다. 편안히 노후를 보내야 할 시기에 몸도 힘들고 마음마저 고달픈 생활을 하고 계셨다.

남자와 여자가 서로가 좋아서 만나 사랑하다가 그 사랑의 결실로 자식들이 태어났다. 하지만 서로 싫어서 이혼할 때는 자식에 대한 책임을 서로 지지 않으려는 젊은 부모가 있어 못내 아쉽기만 했다.

사무실에 오신 할머니들의 행색으로 보아 생활이 그리 넉넉해 보이질 않았다. 할머니들께 은수저 한 벌과 함께 표창패를 드렸다. 그러자 할머니들은 눈물을 흘리셨다.

사람은 자신의 어려운 심정이나 처지를 상대방이 알아줄 때 눈물이 난다. 누가 있어 자신들의 이 어려운 심정을 헤아려 줄까? 주위 사람들이 아들이 이혼했다고 손가락질을 하거나 따가운 시선을 보내지 않았을까? 어려운 가정 형편에 손자 손녀를 키우면서 말 못 할 사연도 많았으리라.

마침 점심때가 되어 할머니들을 모시고 인근 식당으로

가 점심을 대접해 드렸다. 그곳에서도 할머니들은 음식은 드실 생각을 않고 눈물만 흘리셨다. 어렵게 지내 온 과거와 자신이 감당하기에 벅찬 현실이 너무 서글퍼 흘리는 눈물이다.

가난, 이것은 누가 물려준 유산이기에 할머니들을 이토록 서럽게 하는가? 인간은 누구나 잘살고 싶은 욕망이 있다. 그래 땀 흘리며 노력해서 부자가 된 사람, 열심히 살려고 노력은 했지만 여러 가지 여건이 맞지 않아 가난하게 사는 사람, 부모를 잘 만나 별 노력 없이도 호의호식하는 사람 등 사람마다 살아가는 모습이 다르다.

사람 중에는 하는 일마다 실패를 해서 평생 가난하게 살고 거기에 엎친 데 덮친 격으로 몸까지 불편한 사람도 있다.

불행일까? 할머니 중 한 분이 그렇게 살아가고 계셨다. 이혼한 아들은 몸이 성치 못해 직업도 가질 수 없고, 할머니마저 몸이 불편한 처지였다. 할머니는 정부에서 주는 보조금으로 아들의 건강을 보살피며, 지체가 불편한 손자까지 돌보고 계셨다.

그 할머니가 표창을 해줘서 고맙다고 음료수와 행운목을 가져오신 것이다.

할머니의 가정 형편으론 큰 부담이 되었을 텐데 행운목을 내게 보내주신 것이다. 행운을 불러온다는 행운목. 사실 그 행운목은 할머니께서 필요한 것인데, 자신의 행운보다 다른 사람한테 행운을 주고 싶은 할머니의 아름다운 마음이 정말 고맙다.

　행운목을 사무실에 놓고 보면서 할머니의 건강과 가정의 행운을 빌어야겠다.

(2010. 『한국수필』 7월호)

밀사는 어디 가고 하멜만 남아

　월드컵 축구 열기로 6월 한 달이 뜨거웠다. 한국팀이 승리할 때마다 응원 열기는 점점 더해갔고, 급기야 월드컵 축구가 온 국민의 관심사가 되어버렸다.
　그동안 여러 차례 월드컵에 출전했지만, 본선에서 단 한 번도 승리를 거두지 못했던 한국팀. 그들의 꿈은 월드컵 본선에서 1승을 올려보는 것이었다. 이에 국민도 그들의 열망에 호응이나 한 듯 대부분 붉은색 티셔츠를 입고 나와 대~한민국, 오~ 필승 코리아를 외치며 혼연일체가 되었다.
　한국팀이 한 골을 넣을 때마다 히딩크 감독은 지략과 용병술이 숨어 있는 독특한 세리머니로 답례를 했고, 그 귀중한 한 골을 넣기 위해 선수들은 불굴의

투지로 경기에 임했다. 여기에 국민의 열렬한 응원과 함성도 한몫을 해서 한국팀이 4강에까지 오른 것이다.

한국팀의 4강 진출은 아무도 예측하지 못한 결과였다.

한국팀이 이룩한 4강 신화는 전 세계가 한국 축구의 기량을 높이 평가하는 계기가 되었고, 그 공로는 거스 히딩크 감독에게로 돌아갔다. 국민의 축구에 대한 관심이 높아지고 히딩크의 인기가 상승함에 따라, 이제 그의 고국 네덜란드에까지 관심을 끌게 되었다.

TV에서 태극기와 네덜란드의 국기가 함께 나부끼는 그의 고향 파르세펠트가 소개되었고, 그의 가족과 인터뷰하는 장면까지 나온다. 여기에 발 빠른 여행사에서는 벌써 유럽 관광코스에 그의 고향을 추가시켰고, 어느새 파르세펠트는 유럽의 새로운 관광 명소로 떠오르기 시작하였다. 그래도 부족했던지 한국과 네덜란드와의 관계를 소개하며, 1653년에 제주도 해안에 표류했던 하멜까지 들먹이고 있다.

이렇듯 4강 신화의 주역인 히딩크가 한국과 네덜란드를 잇는 가교(架橋) 역할을 톡톡히 하고 있다.

히딩크가 한국 축구에 기여한 공로는 크다. 따라서 두 나라와의 관계를 연결하는데 그의 고향을 소개하고, 그곳에 태극기와 네덜란드의 국기가 나란히 걸려 있는 것은, 두 나라의 우호적인 관계를 나타내는 것이라서 좋다. 하지만 하멜까지 부상시키는 것은 왠지 좀 아쉬운 느낌이 든다.

하멜도 『표류기』를 써서 유럽에 최초로 한국을 소개한 것은 인정한다. 하지만 한국과 네덜란드와의 관계를 소개하면서 굳이 하멜까지 인용할 필요가 있었을까? 네덜란드와의 관계라면 하멜보다는 우리에게 더 가까운 분들이 있지 않던가?

구한말 일본의 강압으로 체결된 을사늑약은, 우리의 국권을 일본이 강제적으로 빼앗아 간 조약이었다. 이에 고종황제는 일본의 침략상을 세계만방에 알리고 쓰러져 가는 나라를 구하기 위해 만국평화회의가 열리는 네덜란드 헤이그에 세 분의 밀사(密使)들을 파견하였다. 하지만 그곳에서도 일본의 방해 공작으로 인하여 밀사들은 회의장에도 들어가지 못했다. 여기에 밀사들은 일본의 국권 침략을 폭로하는 호소문을 만들어 회의에 참석한 각국 대표들에게 보냈으나, 끝내 회의장 문은 열리지 않았다.

어떻게 하면 일본의 국권 찬탈을 세계만방에 알릴까? 하고 고심한 끝에, 외국어에 능통한 이위종이 회의장 앞에서 각국 기자들을 모아놓고 기자회견을 했지만, 결과는 우리의 안타까운 처지를 세계만방에 호소하는 데 그치고 말았다.

회의 참석이 좌절되자 이준 열사는 울분을 토하며, 머물고 있던 드용(De Jong)호텔에서 돌아가셨고, 그곳에 남아 있던 이상설과 이위종도 조국으로 돌아갈 수 없게 되었다.

이위종의 기자회견으로 일본의 침략상이 세계만방에 폭로되자, 조정에서는 국위를 손상당한 일본인들에 의해 궐석재판이 이루어졌고, 여기서 이상설은 사형을 선고받고 이준과 이위종은 무기징역을 선고받았기 때문이다.

따라서 이준 열사는 돌아가신 후에도 그 유해(遺骸)가 조국으로 돌아오지 못하고 그곳의 공원묘지에 안장되었으며, 두 분 열사도 조국으로 돌아오지 못한 채 쓸쓸히 유랑의 길을 떠나야 했다.

세 분 밀사들이 만국평화회의에 참석하기 위해 머물렀던 호텔이 네덜란드의 헤이그에 있다. 하지만 호텔은 이국(異國) 밀사들의 애환을 모른 채, 세월 따라 가정집, 상가, 당구장 등으로 변해, 그 옛날의 모습은 찾아볼 수 없게 되었다. 이런 모습을 안타깝게 생각한 교포 실업가 이기항(李基恒) 씨가 개인재산을 털어 건물을 매입한 후, 이준 열사의 88주기인 1995년 8월 5일 '이준 열사 기념관'으로 개관을 한 것이다.

그곳엔 세 분 밀사들의 유품과 자료들이 진열되어 있다. 그리고 기념관에서 약 4㎞ 정도 떨어진 네오 에이켄듀이넨(Nieuw Eykenduynen) 공원묘지엔, 이준 열사가 56년 동안 잠들어 계셨던 묘적지(墓蹟地)*도 있다. 묘적지엔 조국을 애타게 그리워하던 이준 열사의 흉상과 제단, 기념비 등이 있어 아픈 역사의 흔적을 되돌아볼 수 있게 한다.

  지금도 헤이그엔, 밀사들의 애국 충정과 한 맺힌 유품들이 우리 후손들의 눈길을 손꼽아 기다리고 있는데, 굳이 하멜까지 들먹일 필요가 있을까?

  *묘적지(墓蹟地): 묘가 있었던 자리

(2002. 『육군』 11·12월호)

선진국으로 가는 길목에서

　보문산 공원에는 등산객들의 편의를 위해 지팡이를 빌려주는 상자가 있다. 상자엔 "사용 후 다시 갖다 놓으라."는 문구가 쓰여 있다. 산에 올라갈 때는 상자에 지팡이가 많이 있었다.
　우리나라는 짧은 기간에 눈부신 경제성장을 이루었다. 하지만 우리의 도덕적 의식은 경제 발전의 속도를 따라가지 못했다.
　얼마 전까지만 해도 택시를 잡기 위해 도로 한가운데까지 들어가 택시를 잡으려는 사람들이 있었다. 버스를 탈 때도 정류장에서 서로 먼저 타려고 승강이를 벌이는 사람들도 있었다. 명절 때 시외버스 정류장도 예외는 아니었다. 줄을 서서 순서대로 타는 게 아니라 서로 먼저 타려고 밀고 당기기 일쑤였다. 심지어는 버스 옆 유리 창문을 열고 타는 사람도 있었다. 무질서의 현장 그대로였다.

그것은 자동차가 부족한 이유도 있었겠지만, 뒤떨어진 도덕적 의식의 차이였다. 버스도 정류장에 시간에 맞춰 들어오는 것이 아니었다. 시간보다 늦게 도착하는 것이 다반사였고, 기다리는 사람들도 당연히 버스가 늦게 올 것이란 생각을 하고 있었다. 그래 시간관념이 없다 하여 '코리안 타임'이란 말도 생겨났다.

10여 년 전 독일에서 잠시 생활한 적이 있었다. 대형 마트에서 물건을 고른 후 평소 습관대로 돈을 내기 위해 계산대로 갔다. 한데 이상한 느낌이 들었다. 머리 뒤편에 따가운 시선이 머무는 것 같았다. 주위를 둘러보니 많은 사람이 길게 줄을 서 계산할 순서를 기다리고 있는 것이 아닌가….

순간 얼굴이 확 달아올랐다. 부끄러워 고개를 푹 숙인 채 길게 늘어선 줄의 맨 뒤로 가 섰다. 그들은 줄을 서지 않고 계산대로 간 나를 보고 무슨 생각을 하였을까? 이제 우리도 버스나 택시 정류장에 가면 줄을 서서 순서를 기다리는 사람들을 쉽게 볼 수 있다. 대형 마트에서도 질서 있게 줄을 서서 순서를 기다리는 사람들뿐이다. 지난날의 무질서 현장은 보기가 어렵다. 우리의 도덕적 의식 수준이 그만큼 높아졌다는 증거일 것이다.

그동안 우리는 경제 발전의 속도를 국민의 도덕적 의식 수준이 따라가지 못했다. 선진국이란 경제만 발전했다고 되는 것이 아니다. 경제발전과 더불어 국민의 도덕적 의식 수준이 얼마나 향상되었는가에 달려있다.

유럽 선진국에선 보행자가 교통신호를 어기고 차도를 건널 때도, 운전자는 경적을 울리거나 큰소리로 욕설하는 대신 미소를 짓고 있었다.

등산을 마치고 보문산에서 내려올 때 보니 지팡이 보관 상자가 텅 비어 있다. 며칠 후, 보문산에 다시 갔을 때도 지팡이는 보이지 않았다.

우리의 도덕적 의식 수준은 빌려 간 양심마저 돌려주지 않고 있다. 이러한 마음은 우리가 선진국으로 가는 길목에 걸림돌이 되고 있다.

(2016. 『수필문학』 4월호)

나의 꿈

가끔 꿈을 꾼다. 꿈이란 마음속에 있는 잠재의식의 배출 현상으로 소망을 성취해주기도 하고, 미래의 일을 예지(豫知)케 해서 생활에 활력소를 주기도 한다.

어렸을 때의 꿈은 운전사가 되는 것이었다. 시내는 도로를 꽉 메울 정도로 자동차가 많아졌지만, 어렸을 때 내가 살던 동네는 그렇지 않았다. 잘해야 일 년에 차 한 대나 볼 수 있을까 할 정도로 차가 드물었다. 그것도 요즈음처럼 매끈한 승용차가 아니라 짐을 실어 나르는 트럭이었다. 그러한 트럭도 동네 총각이 장가를 가거나 처녀가 시집을 갈 때만 볼 수 있었다. 운전석 옆에 신혼부부를 태운 운전사는, 개선장군이라도 된 것처럼 나팔 대신 경적을 울리며 늠름하게 동네로 들어왔다.

　그 시절의 트럭은 동네 아이들은 물론 어른들의 호기심을 끌기에도 충분했다. 자동차가 귀하던 시절 그걸 타보고 싶었고, 그 차를 운전하며 미지의 세계로 가보고 싶었다. 그런 이유로 어렸을 때의 꿈은 운전사가 되는 것이었다.

　소달구지가 동네 큰길을 차지했던 시골을 떠나, 읍 소재지에 있는 중학교로 입학하면서 나의 꿈도 바뀌었다. 논밭에서 일하던 아줌마나 아저씨보다 세련된 모습의 신사와 숙녀가 눈에 많이 띄었고, 소달구지 대신 자동차가 많았다.

　그곳에서 새로운 환경과 접하면서, 나의 꿈도 소박한 운전사에서 화려하게 조명을 받는 가수로 바뀌었다. 라디오에서 흘러나오는 노래를 따라 부르며 가수가 되길 바랐다. 가수들과 편지를 주고받으면서 그들에 대해 알았고, 그들의 신상명세서를 갖고 다니며 세월을 보냈다. 노래를 부르며 다니는 동안 가수가 되겠다는 꿈은 제법 오래 지속되었다. 그 덕분에 노래 가사는 많이 알았지만, 그 속에 담겨 있던 인생의 애환은 세월이 한참 흐른 뒤에 알았다.

　가수의 꿈에서 깨어난 것은 대학 2학년 때였다. 전국노래자랑에서 입상하고, 작곡가한테서 서울에 가 음악공부를 하자는 권유를 받고 나서부터 마음이 흔들리기 시작하였다. "하던 짓도 멍석을 깔아주면 하지 않는다."는 속담처럼 꿈이 실현되려는 순간 결정을 망설였다.

 젊은 날 몇 년을 위해 내 인생의 승부를 걸어야 할 것인가? 아니면 좀 더 긴 안목을 갖고 살아야 할 것인가? 사이에 갈등이 생겼다. 가수란 좋은 노래를 불러 많은 사람에게 인기를 얻어야 하는데, 그렇지 못하면 내 인생은 어떻게 되는 걸까? 다시 새로운 꿈을 꾸기로 하였다.

 그 후 우연히 서점에서 『수필문학』이란 잡지를 보게 되었다. 그것을 계기로 해서 책을 좀처럼 읽지 않던 내가 책을 읽기 시작했고, 그 책을 정기 구독하면서 수필 공부를 시작하게 되었다.

 고등학교 1학년 때, 학교에서 국군 장병 아저씨께 보내는 위문편지를 써 오라고 한 적이 있다. 지금까지 편지 한 장 써보지 못했던 나에겐 그것은 큰 고민이었다. 어떻게 써야 할까 하고 밤새 고민만 하다가 결국은 친구의 손을 빌려서 썼다. 그랬던 내가 수필에 관심을 두게 된 것은 지금 생각해 봐도 참 신기한 일이었다.

 책에서 다른 사람의 경험담을 놓치지 않고 비어 있는 머릿속에 넣으며, 인생에 대한 또 다른 수확이라 생각했다. 그러던 중 나도 수필을 한 번 써 봐야겠다는 욕심이 생겼다. 그래 시작한 것이 수필 습작을 위한 일기 쓰기다. 하지만 수필을 쓰기 위해선 어느 정도의 연륜이 있어야 한다는 것을 알았다. 경험이 많아야 그 속에서 농(濃)익은 수필이 우러날 것 같았다.

그때 나이 삼십 대, 하지만 수필은 사십 대부터라는 말만 믿고 사십이 되기만을 기다렸다.

사십이 넘으면서 조심스레 수필문학의 문을 두드려봤다. 그 결과 사십일 세에 『수필문학』이란 잡지에 「매월당의 자화상」으로 천료를 했고, 이따금 글을 써서 수필 전문지에 발표를 했다.

이제 나는 다시 무슨 꿈을 꾸어야 할까? 아직은 잠자리에 들 시간이 아니라서 잘 모르겠다.

(2000. 『수필예술』 21호)

많은 성씨가 모여 조화를 이룬 곳

 대전의 유등천 상류엔 자랑거리가 하나 있다. 그것은 많은 성씨가 모여 조화를 이루고 있는 성씨들의 고향인 뿌리공원이다.
 너른 주차장에 차를 주차하고 러버 댐(rubber dam)에서 흐르는 물소리를 들으며 만성교(萬姓橋)를 건너면, 뿌리공원이 나온다. 이곳은 성씨(姓氏)나 본관(本貫)에 따라 후손들이 정성을 모아 조형물을 세우고, 자신의 뿌리를 후손들에게 알리기 위해 만든 조각공원이다.
 커다란 기념비에 공원에 대한 설명이 새겨져 있다. "본래 우리의 성명(姓名)은 그 구성과 개념이 특이하여 개인과 가문의 계대(系代)까지 알 수 있다고 한다. 그 이유는 성과 본관으로 가문을 알고, 이름의 항렬(行列)

로는 가문의 대수(代數)를 알며, 자(字)로는 개인을 구별할 수 있기 때문이다. 따라서 뿌리공원은 성씨의 기본을 일깨워주고 자신들의 뿌리를 후손들에게 알려주기 위해, 대전광역시 중구청에서 1997년 11월에 개원했다."고 한다.

  기념비 옆에 성씨별 조형물의 위치를 알려주는 안내도가 있다. 이곳을 찾는 대부분 사람은 안내도에서 자기 문중의 조형물 위치를 확인한 후, 자신의 뿌리를 찾아 나서게 된다. 이때 눈썰미가 있는 사람이라면 쉽게 자기 문중의 조형물을 찾을 수 있지만, 그렇지 못한 사람은 유년 시절 소풍 때 경험했던 보물찾기를 시작하게 된다. 곧 찾을 것 같으면서도 찾을 수 없던 것이 보물찾기다. 설레는 마음으로 숨겨진 보물을 찾기 위해 돌도 들춰보고 낙엽도 헤쳐 봤지만 찾을 수 없었다.

  그렇게 둔한 습성 탓인지 아들과 함께 이곳에 처음 왔을 때도, 해주 최가의 조형물은 내 눈에 들어오지 않았다. 공원을 거의 다 둘러봐도 보이지 않았다.

  '만약 여기서 조형물을 찾지 못한다면 같이 온 아들에게 체면이 서지 않을뿐더러, 가문의 망신까지 시키는 게 아닌가?' 은근히 걱정되었다. 그때 저쪽에서 "찾았다." 하고 외치는 아들의 목소리가 들렸다. 비로소 아비로서의 체면과 가문도 위신이 서게 되었다.

해주 최가의 조형물은 공원 왼쪽의 중간쯤에 있었다. 사람이 서 있는 형상을 청동으로 만들어 놓은 것이다. 최(崔) 자의 맨 위에 있는 뫼 산(山) 자로 사람의 머리와 양쪽 팔 모양을 만들고, 그 밑에 새 추(隹) 자로는 척추를 중심으로 갈비뼈가 양쪽으로 뻗쳐있는 몸통 부분을 만들어 놓고, 그 몸통을 두 다리가 떠받치고 있는 형상이다. 중간석인 오석(烏石)엔 해주 최가의 유래와 시조, 그리고 가문을 빛낸 선조님들의 이름이 새겨져 있었다. 보물찾기를 마치고 아들과 함께 조형물을 배경으로 기념사진을 촬영했다.

만약 가족과 함께 이곳에 오게 된다면 다음의 경우를 생각해 봐야 할 것 같다. 자기 문중의 조형물이 없을 때 느끼는 실망감과 자녀에게 위신이 서지 않을 경우를 말이다.

공원에는 화강암과 대리석, 청동 등의 재료를 사용하여 만든 244기의 조형물이 있다. 각 문중에선 조형물에 성씨를 상징하는 모형을 만들고, 그곳에 성씨의 유래와 시조(始祖)의 이름 및 가문의 특성 등을 새겨 놓았다. 후손이 번창한 성씨는 본관에 따라 조형물을 세웠는가 하면, 희성(希姓)이거나 후손이 적은 성씨는 하나의 조형물로 그 성씨를 대표하고 있었다. 여러 문중에서 세워놓은 조형물을 보며 성씨마다 자기 가문을 자랑하듯 최고의 멋을 부리고 있었다. 마치 무대에 선 모델들이 자신의 몸매와 멋을 마음껏 자랑하듯, 이곳에 있는 조형물들은 가문이 명예를 걸고 패션쇼를 하는 것 같았다.

　각 조형물에는 공통점도 있었다. 가문마다 서로 경쟁을 하듯 돋보이려고 노력했다는 점이다. 지난날의 권문세가는 가문의 자존심을 되살려 보려 했고, 과거가 화려하지 못했던 가문도 오늘의 부를 내세워 뿌리를 북돋아 주고 있었다.

　또한, 흥미로운 것이 있다면, 명문가의 조형물이 대부분 공원의 정상 부근이나 뒤편에 세워져 있다는 것이다. 그들 문중은 공원의 개원 초기에 명문가의 체면과 자존심 때문에 조형물을 세우지 않고 방관만 하였다. 세월이 흘러 조형물을 세우는 문중이 많아졌고, 자녀와 함께 이곳에 와서 구경하던 중 자기 문중의 조형물이 없음을 부끄럽게 생각해서, 뒤늦게 조형물을 세웠기 때문이다. 공원의 조형물은 문중에 따라 서로 다른 형상을 하고 있다. 따라서 멀리서 보면 너른 꽃밭에 많은 꽃이 피어 있는 것 같다.

　공원에는 조형물 외에 캠핑장, 뿌리 깊은 샘물, 수변 무대, 삼남기념탑 등이 있다.

　관광 안내소 뒤편에 있는 정자와 캠핑장은 가족이나 연인, 친구들과 함께 이곳에 와 머물며 휴식을 즐길 수 있는 곳이다.

　잔디 광장 왼쪽에 있는 뿌리 깊은 샘물은 지하 200m에서 나오는 암반수가 시원한 분수와 마시는 물로 사용되고 있으며, 천변에 있는 수변무대는 야외 공연 및 각종 문화행사 등의 장소로 많이 이용되고 있다.

공원 정상으로 올라가면 삼남기념탑이 있다. 이 탑은 충청, 경상, 전라의 3도가 서로 화합하며 상부상조할 것을 기원하는 의미로 조성된 전망대다. 이곳에서 공원 전체를 한 눈에 바라볼 수가 있다.

해마다 가을이면 이곳에서 '대전효문화뿌리축제'가 열린다. 축제는 공원의 잔디 광장 및 수변 무대 등에서 개최되는데, 이때 전국의 각 문중에선 관광버스까지 전세를 내서 많은 사람이 축제에 참여하고 있다. 축제 내용은 연예인 초청 축하 공연, 불꽃쇼, 문중 '영웅' 퍼레이드 등이 있는데, 그중 가장 인기가 있는 것은 각 문중에서 벌이는 퍼레이드다. 여기서 전국 최고의 문중을 선발하는데, 각 문중에선 서로 퍼레이드의 영웅이 되기 위해 치열한 경쟁을 하고 있다.

공원을 둘러본 후에 가봐야 할 곳이 있다. 관광 안내소 옆에 있는 한국족보박물관이다. 이곳은 우리나라 유일의 족보 전문 박물관으로 5개의 상설전시실과 1개의 기획전시실로 구성이 되어 있다. 이곳에서 우리는 족보의 체계와 역사 등 전통문화와 가족 생활사에 관련된 다양한 자료와 유물들을 볼 수 있다.

그리고 뿌리공원을 중심으로 '효문화 테마파크'가 조성되어 있다. 그중 '효문화마을'에선 저렴한 비용으로 숙식과 여가를 즐길 수 있고, '효문화진흥원'에서는 효에 관련된 전시와 교육을 하고 있다.

뿌리공원을 찾아온 사람들은 공원에서 조상의 뿌리를 찾아보고, 그 주변에 있는 시설에서는 잊혀가는 경로효친 사상을 다시 한번 되새겨 볼 수 있을 것이다.

(2019. 『한국수필』 9월호)

호랑이보다 더 무서운 것

요즈음 과다한 세금이 화제가 되고 있다. 재산세를 내고 다시 종부세를 내는 것은 이중과세라 해서 위헌 소송을 냈다고 한다. 그도 그렇지만, 문제는 지난해보다 종부세가 너무 많이 오른 것이다. 아파트값이 가파르게 올라 그에 따른 종부세도 몇십 배에서 몇백 배까지 올랐다고 한다. 이렇듯 과다한 세금은 국민들에게 부담을 줄 뿐 아니라, 불만의 요인이 되기도 한다.

예로부터 "가혹한 정치는 호랑이보다 더 무섭다."고 해서, 가정맹어호(苛政猛於虎)*란 말도 있다.

40여 년 전 ㅊ공고에서 3학년 담임을 했을 때의 이야기다. 지금 같으면 감히 생각지도 못할 일을 하였다.

공업고등학교 3학년 학생들은 '조국 근대화의 기수'라 해서, 기능사 2급 자격증을 취득해 사회로 나가는 것이 목표였다. 학생들은 기능사 자격증을 취득하기 위해 밤낮으로 열심히 노력했다.

실업계고등학교에는 3학년 학생들만 응시할 수 있는 의무검정이란 시험제도가 있었다. 이 시험은 3학년 학생들만 1년에 한 번 이론 시험을 면제해 주고, 실기시험만 합격하면 기능사 2급 자격증을 주는 제도였다. 학교에 따라 다소 차이는 있었지만, 츠공고 학생들은 의무검정에서 높은 합격률을 자랑했다.

하지만 여기에도 보이지 않는 허점이 있었다. 문제는 의무검정이 끝나면 3학년 학생들의 출석률은 저조했다. 학교에 와도 이미 교과 진도를 다 나갔기 때문에 교사는 수업 시간 운용이 힘들었고, 학생들은 자격증을 취득했기 때문에 수업에 별 관심이 없었다. 그런 까닭에 지각은 물론, 조퇴, 결석까지 하는 학생들이 많아졌다. 등교해 봤자 학교에서 더 배울 것이 없다는 것이다. 그래도 성실한 학생들은 등교를 잘했지만, 그렇지 못한 학생들은 좋은 기회라 생각해 학교생활을 소홀히 하였다.

학생들의 출석률을 향상시킬 방법을 생각해 보았다. 그들의 아킬레스건을 한 번 건드려보기로 하였다.

대부분 공고 학생들은 가정이 빈곤했다. 그들 중에는 적성이 맞아 진학한 학생들도 있지만, 공부는 잘했으나 가정형편이 어렵기 때문에 대학에 진학할 수 없어 마지못해 공고에 입학한 학생들이 많았다. 그들은 대학에 진학하는 게 꿈이었다. 직장에서도 고등학교 졸업생과 대학 졸업생의 보수 차이가 컸기 때문에 더 그랬다.

그들의 마음을 아프게 하는 것은 돈이었다. 그들은 돈 이야기만 나오면 기가 푹 죽었기 때문이다.

일을 한번 저질러 보기로 하였다.

종례 시간이다. "여러분의 출석률이 저조해 그걸 올리는 방법으로 벌금제도를 만들었다. 앞으로 지각하는 학생은 100원, 조퇴는 500원, 결석은 1,000원씩 벌금을 걷도록 하겠다. 부득이한 경조사나 몸이 아플 경우는 제외하기로 한다." 민주적으로 학생들과 협의해서 결정한 일이 아니다. 나 혼자 생각으로 만들어 놓은 강제 규정이었다. 학생들은 불만이 컸지만, 불이익이 돌아올까 봐 아무도 이의를 제기하지 못했다. 벌금은 반장 이름으로 통장을 만들어 총무가 보관하도록 하였다.

교사로서 부족한 행동이었지만, 출석률을 높이기 위해선 그 방법밖에 생각나는 게 없었다. 그 뒤로 출석률은 훨씬 높아졌다.

내일이 졸업식 날이다. 총무를 불러 통장에 입금된 돈을 확인해 보니 꽤 많은 돈이 들어 있었다. 당시 신사용 고급 양말 한 켤레가 500원이었으니, 30,500원이란 돈은 큰돈이었다.

종례가 끝난 후, 반장과 총무를 불렀다. 돈을 찾아 시장에 가 양말 61켤레를 사 오라 하였다. 그들은 양말을 커다란 자루에 담아 어깨에 메고 학교로 왔다.

졸업식이 끝나고 교실에서 담임 시간이다. 상장과 졸업앨범 등을 학생들에게 나누어 준 후, 작별 인사를 하였다. "사회에 나가 열심히 노력해서 그 분야에서 꼭 필요한 사람이 돼라."고 하였다. 그러고 나서 "여러분이 벌금 때문에 나에게 많은 욕을 했을 것이다. 우리 담임은 돈을 너무 밝힌다면서…. 여러분한테 욕을 먹어가며 걷은 돈이 총 30,500원이다. 그 돈으로 여기에 있는 양말 61켤레를 사 왔다. 집에 돌아가거든 아버지께 졸업 선물로 양말 한 켤레를 사 왔다며 드리기 바란다."

지금까지 나를 향했던 의혹이나 경멸의 눈초리는 봄바람에 눈 녹듯 사라져 버리고, 환호와 함께 큰 박수 소리가 났다. 남은 한 켤레는 반장을 시켜 부담임 선생님께 갖다 드리라고 하였다.

모든 행사가 끝나고 시원섭섭한 마음으로 하숙집에 와

누워 있는데, 방문 두드리는 소리가 난다. 홍성에 사는 ㅅ군이다. "오늘 종례 시간에 보니 선생님의 양말이 없어 자신의 것을 드리려고 왔다."고 했다. 참으로 고마운 마음이다. 하지만 내가 어찌 그 양말을 받을 수 있겠는가. 고마운 마음에 ㅅ군과 하숙집에서 하룻밤을 같이 보냈다.

'가정맹어호(苛政猛於虎)', 가혹한 정치(세금)는 호랑이보다 무섭다고 했다. 하나 그 무서운 벌금을 돌려줬으니, 이젠 호랑이가 더 무서울 것 같다.

　*가정맹어호(苛政猛於虎): 공자가어(孔子家語) 정론해(正論解)에 나오는 말로, 가혹한 정치는 호랑이보다 더 무섭다는 뜻이다. 많은 세금을 걷는 정치는 호랑이에게 잡아먹히는 고통보다 더 무섭다는 이야기다.

(2022. 『한국수필』 12월호)

4부

가슴을 울리는 소리

경교장에 울린 총소리
해맑은 미소 속에 내가 있다
가슴을 울리는 소리
6·25전쟁 일화
좌충우돌 초임 교사
열차가 고마울 때
아쉬운 미련
충무공 영혼이 머물다 가신 곳
알량한 자의 직권 남용

경교장에 울린 총소리

  6월이면 생각나는 분이 있다. 일제강점기엔 나라의 독립을 위해서, 해방된 후에는 통일된 조국을 위해 헌신하셨던 분이다.
  아내의 진료 차 강북삼성병원엘 몇 차례 다녔다. 병원 구조가 복잡해 이곳저곳을 찾아다니며 진료를 했다. 오늘도 진료를 마치고 돌아오는데 A동과 B동 사이에 건물이 하나 있다. 병원 부속 건물이려니 생각하고 걸어가는데 작은 안내판에 경교장(京橋莊)이라 쓰여 있다. '병원 안에 경교장이라니?' 의아히 생각하며 안내판을 들여다보았다. 이곳이 해방 후, 김구 선생께서 기거하셨던 바로 그 경교장이었다. 여러 번 이 앞을 지나갔지만 보지 못하고 오늘에서야 볼 수 있었다. 사진으로만 봤던 경교장. 반가운 마음에 안으로 들어갔다. 출입문 안에 김구 선생의 흉상이 세워져 있다.

관람 순서에 따라 지하 1층으로 내려갔다. 지하 1층에는 3개의 전시실이 있는데, 제1전시실은 '경교장의 역사', 제2전시실은 '대한민국 임시정부가 걸어온 길'에 대한 설명이 사진과 함께 전시되어 있다. "경교장은 1938년 최창학이 죽첨장(竹添莊)이란 이름으로 건립했는데, 해방 후 선생을 비롯한 임시정부 요인들이 환국하자 그들의 활용 공간으로 제공되었다."고 한다.

제3전시실로 갔다. 그곳에 선생의 유물들이 여러 점 전시되어 있다. 먼저 선생의 시계가 보였다. 이 시계는 본래 윤봉길 의사의 것이었다. 윤 의사가 홍커우공원의 거사를 위해 떠나기 전에, 자신은 이제 새 시계가 필요 없다며 선생의 헌 시계와 바꾼 것이다. 시계를 보고 당시 윤 의사의 결의에 찬 모습을 그려보며 고개를 숙였다.

시계가 전시된 옆 벽면에 피 묻은 선생의 저고리가 펼쳐 걸려 있다. 그 아래 피 묻은 바지도 있다. 피가 낭자한 옷 속엔 그동안 힘들게 살아오신 선생의 인생 역정(歷程)이 고스란히 담겨 있을 것 같다.

선생은 1876년 창수(昌洙)란 이름으로 황해도 해주에서 태어났다. 학문을 배워 과거에 응시하려 했으나 부정부패가 심한 것을 보고 과거를 포기하였다.

  선생은 명성황후 시해 소식을 듣고 분개하여 안악 치하포에서 일본군 중위 쓰치다 조스께(土田讓亮)를 죽였다. 그 후, 집에 숨어 있던 중 체포되어 해주감옥을 거쳐, 인천 감리영으로 가 사형선고를 받았다. 하지만 사형 직전 고종의 특사(特赦)로 사형집행 정지명령이 내려져 사형은 면했으나, 일본 공사 하야시 곤스케(林權助)의 반대로 석방되지 못했다. 선생은 감옥에서 탈출 공주 마곡사로 들어가 승려가 되어 원종(圓宗)이란 법명을 받았다. 그 후, 안악사건과 신간회 사건으로 다시 구속되어 감옥에서 김구의 구(龜) 자를 구(九)로 바꾸고, 호를 평민이란 뜻으로 백범(白凡)이라 지었다.

  1919년 3·1운동을 계기로 상하이로 건너가 임시정부에서 활동을 시작했다. 그곳에서 한인애국단을 조직하여 이봉창 의사를 도쿄로 보내 일왕에게 폭탄을 던졌고, 윤봉길 의사는 상하이 홍커우 공원에서 일왕 생일 기념행사에 폭탄을 던져, 시라카와 대장을 비롯한 여러 일본인 고위층을 사망 또는 부상케 하였다. 이 사건은 일본인에겐 조선 청년의 기개를 널리 떨쳤고, 중국인에겐 적극적인 용기로 항일투쟁을 시작하는 계기가 되었다. 선생은 중국에서 임시정부 경무국장, 국무령, 주석 등의 직책을 맡으면서 조국 독립을 위해 많은 활동을 하셨다.

선생은 1945년 8월 15일, 해방이 되자 바로 임시정부를 이끌고 귀국하려 했으나 귀국하지 못했다. 미군이 임시정부의 귀국을 허용하지 않자, 개인 자격으로 임정 요인들과 함께 11월 23일 귀국하여, 경교장에 머물게 되었다. 선생은 경교장에서 통일된 조국을 위해 반탁운동에 앞장섰다. 통일정부 수립을 위해서 1948년 4월, 김규식 박사와 함께 3·8선을 넘어 평양에 가 김일성 김두봉과 함께 4자 회담을 했으나 실패하였다. 그해 미, 소 양국의 신탁통치 하에 남한에선 8월 15일 이승만 정부가, 북한에선 9월 9일 김일성 정권이 각각 들어섰다. 선생은 반탁운동과 통일된 조국 정책이 효력을 거두지 못하게 되자 체념한 후, 경교장에서 중국 고전과 서예로 시간을 보내고 있었다.

　하지만 선생이 원했던 정책은 미군정과 이승만 정권에겐 항상 부담이 되었다. 그러던 중 1949년 6월 26일 경교장에 육군 소위이며 주한미군 방첩대(CIC) 요원인 안두희가 찾아왔다. 그는 선생을 만나기 위해 2층에 있는 집무실로 올라갔다. 그 후, 선생의 집무실에서 4발의 총소리가 울렸다. 선생은 그렇게 안두희가 쏜 흉탄을 맞고 세상을 떠나신 것이다.

　나라를 빼앗겼을 때는 조국의 독립을 위해서, 해방된 후에는 통일된 조국을 위해 평생을 몸 바쳐 오신 선생이다.

비통한 마음으로 선생의 피 묻은 저고리를 바라보았다. 벽에 걸린 선생의 저고리가 마치 나비가 날개를 펴고 앉아 있는 모양으로 보인다. 벽에 앉아 있던 나비가 어느덧 훨얼훨 춤을 추며 날아가기 시작했다. 나비가 날아간 곳을 따라가 보았다. 나비는 1층을 거쳐 2층으로 날아갔다. 1층엔 응접실과 홀 그리고 귀빈식당 등이 있다. 이곳 귀빈식당은 임시정부가 귀국하여 공식 만찬을 개최했던 곳이고, 선생이 서거하셨을 때는 빈소로 사용했던 곳이다.

나비가 날아간 2층으로 올라갔다. 그곳엔 응접실(서재)이 있고, 임시정부 요인들이 사용했던 방이 2칸 있다. 방 안쪽으로 선생의 침실과 거실이 있다. 거실 창가엔 선생이 쓰시던 책상과 의자가 놓여 있다. 선생은 이 책상에서 독서하던 중 안두희가 쏜 총탄을 맞고 돌아가신 것이다.

일본 군인과 경찰이 60만(현재 200억) 원의 현상금을 걸고도 체포하지 못했던 선생을 우리 동포가 시해한 것이다. 참으로 안타까운 일이다.

경교장에서 나와 밖에서 경교장을 바라보았다. 선생의 거실 유리창에 두 발의 총탄 자국이 선명하게 보인다.

6월이 되면 경교장에 선생의 모습이 보일 것만 같다.

(2023. 『수필문학』 6월호)

해맑은 미소 속에 내가 있다

B중학교에 근무할 때다. 교내를 돌아보던 중 저쪽에서 학생 둘이 싸우고 있다. 거리를 두고 그들의 행동을 지켜보았다. 한 학생이 장애 학생을 큰 소리로 몰아치자, 장애 학생은 말도 못 하고 일방적으로 당하고 있다. 그대로 두었다가는 큰일이 벌어질 것 같아 다가가 까닭을 물었다. 장애 학생이 자꾸 자기만 따라다니며 귀찮게 한다는 것이다. 가해 학생에게 "네가 이해를 하고 장애 학생을 잘 배려해 주라."고 말한 후, 장애 학생을 특수학급에 데려다주었다. 그 뒤로부터 장애 학생들에게 관심을 두게 되었다.

사람은 누구나 평등하다. 하지만 살아가면서 어떤 소외감이나 불평등을 느낄 때도 있다. 장애아를 둔

부모의 마음은 어떠할까? 누구를 원망할 수도 없다. 그들은 모든 걸 자신이 지고 가야 할 업보라 생각하며, 무거운 짐을 평생 짊어지고 간다.

누구나 욕심이 있기 마련이다. 건강하고 명석한 두뇌로 잘생긴 외모에 부모로부터 풍족한 유산을 물려받고 싶은 삶을 살고 싶을 것이다. 거기에 착한 자식까지 두었다면 무엇이 걱정이랴. 하지만 세상은 그렇지 않을 때도 있다. 어딘지 모르게 한쪽이 기울어, 하나가 있으면 하나가 부족하기 마련이다. 그래서 세상은 공평하다고 하는 걸까?

특수학급 학생들의 행동을 가까이 보며 안타까운 마음이 들었다. 그들의 부모는 남들이 웃을 때도 웃지 못한다. 마음 한구석이 납덩어리를 매단 것처럼 무겁기 때문이다. 그들은 사람들이 많은 곳에 자식을 데리고 가면 항상 조심을 해야 한다. 자식의 실수로 다른 사람들에게 피해나 주지 않을까 걱정이 되어서이다. 남들은 팔불출이라 해도 자식 자랑을 잘도 하건만, 그들은 자식 자랑 한 번 하지 못하고 산다. 자식으로 인해 가슴속 맺힌 한을 혼자 삭이며 남몰래 흘린 눈물도 많다. 자식이 조금이라도 나아지길 기도하며 세월을 엮어 나간다. 그 답답한 속내를 누구에게 터놓고 이야기할 수 있으랴. 자신의 심정을 알아줄 사람이 없어, 혼자 하늘만 보며 쓴웃음을 지을 때도 많았을 것이다.

아이들은 그런 부모의 마음을 헤아리기는커녕 저에게 잘 해주길 바랄 뿐, 조금이라도 서운한 것이 있으면 짜증을 내거나 심통을 부리기 일쑤다.

오죽하면 어느 장애자의 어머니가 한 가지 소원이 있다면, "불편한 자식이 먼저 세상을 떠나는 것"이라 했을까? 부모 말고 누가 있어 불편한 그를 보살펴 줄 것인가? 장애아를 둔 부모의 마음을 적나라하게 표현한 가슴 아픈 이야기라 하겠다.

그들은 친구들과 잘 어울리는 아이들도 있지만, 그렇지 못한 아이들도 있다. 친구 중에는 그들에게 잘해주는 친구도 있고, 그들을 귀찮아하고 심지어는 괴롭히는 친구도 있다.

그들의 생활을 보면서 부모 입장에서 내가 그들에게 더 관심을 두고, 그들의 아픔을 보듬어 주기 시작하였다. 그러한 소문이 나돌자 다른 학교에 다니는 특수학급 학생들이 다투어 본교로 전학을 왔고, 그 소문이 초등학교에까지 나 중학교 입학 시 본교를 지망하는 특수학급 학생들이 많아졌다. 이제 대전에서 특수학급 학생들이 제일 많은 학교가 되었다. 그래 장애아 학부모들은 보내고 싶은 학교가 되었고, 초등학교 장애 학생들은 가고 싶은 학교가 되었다.

그들은 가끔 사회 적응 교육을 위해 제과점으로 현장 체험학습을 나갔다. 그곳에서 빵 만드는 실습을 마치면, 그들은 자신이 만든 빵을 교장실로 가지고 왔다. 그들이 가져온 빵을 보며 생각해 보았다. '그들의 정성 어린 솜씨와 노력을 다른 사람들에게 알려주는 방법은 없을까?'

그들은 학교생활을 하면서 일반 학생들의 도움을 많이 받고 있다. 일반 학생들의 도움을 받기만 했지 그들이 일반 학생들을 도와준 적은 별로 없다. 언제 날을 잡아 일반 학생들에게 그들의 고마운 마음을 전할 기회를 만들어 보기로 하였다. 그날은 전교생이 한자리에 모이는 체육대회 날이 좋을 것 같았다. 체육대회 전날, 그들을 제과점으로 현장 체험학습을 보냈다. 그리고 전교생과 선생님들께 나누어 줄 빵을 1,000개 만들어 오라 하였다.

체육대회 날이다. 전교생이 운동장에 모였고, 학부모들도 학교에 많이 오셨다. 조회대 옆에는 그들이 정성껏 만들어 온 소보로빵이 소복하게 쌓여 있다. 나는 조회 시간에 전교생에게 말했다. "지금까지 특수학급 학생들이 여러분들의 도움을 받아 학교생활을 잘 할 수 있었다. 그래 그들이 여러분의 도움에 고마운 마음을 전하는 뜻으로 빵을 만들어 선물하기로 하였다. 휴식 시간에 맛있게 먹기 바란다." 특수학급 학생대표가 학생회장에게 소보로빵을 전달하자, 모두가 함성을 지르며 손뼉을 쳤다.

졸업식 날도 그들이 만들어 온 보은의 빵을 졸업생들과 학부모님께 드렸다.

특수학급 학생들은 제각기 다른 특성이 있지만, 그들의 눈빛은 하나같이 착하기만 하다. 자신에게 잘해주는 사람에겐 그들도 정을 준다. 그들의 표정은 달밤에 보는 달맞이꽃처럼 꾸밈없이 순박하고 밝다. 그들은 마음에 맞는 사람에게는 웃으면서 먼저 다가간다.

그들의 순수한 마음이 좋다. 해맑은 미소가 그리워지면 나는 그들이 모여 있는 특수학급 교실로 간다.

(2022. 『수필문학』 1·2월호)

가슴을 울리는 소리

　사이렌 소리가 들린다. 어느 위급한 환자의 생명을 구하기 위해 대학병원으로 가는 앰뷸런스 소리다. 대학병원 옆에 살며 이 소리를 자주 듣는다.
　소방서의 119구급차는 위급한 환자들을 병원에 이송할 뿐 아니라, 재난구조 현장에선 인명구조를 위해 최선을 다한다. 도로 상황이 번잡한 도심에서도 119구급차가 사이렌을 울리며 달려가면 줄지어 늘어섰던 차들이 길 양쪽으로 갈라져, 길 중앙에 새로운 길이 열린다. 이런 현상을 사람들은 '현대판 모세의 기적'이라 부른다. 따라서 앰뷸런스의 사이렌 소리는 소중한 생명을 구해주는 희망의 소리라 하겠다.
　바다에는 파도 소리가 있다. 물은 본래 소리가 없

지만 바람이 불면 파도를 만들어 소리를 낸다. 수평선 저 멀리 바람에 밀려오는 파도는 단숨에 백사장으로 달려와 "철썩", "철썩"하며, 먼바다의 이야기를 백사장에 풀어 놓고, 다시 바다로 돌아간다. 파도 소리는 낯설고 흥미로운 먼바다의 이야기를 뭍에 와 들려준다.

어렸을 적 시골의 겨울밤, 시어머니와 며느리가 마주 앉아 다듬이질을 하고 있다. 마주 앉은 그 모습이 창문에 그림자로 비친다. 방망이를 위아래로 움직일 때마다 "따닥", "따닥" 하는 소리가 난다. 다듬잇돌 위에 있는 옷감을 방망이로 두들기는 소리다. 다듬잇돌 위에 있는 풀 먹인 옷감은 방망이를 맞을 때마다 견고하고 매끄럽게 펴진다. 고부간에 두들기는 방망이 소리는 빠른 가락을 연주하는 타악기 소리와 같다. 장단에 맞춰 두들기는 소리는 고부간의 정이 듬뿍 묻어나는 정겨운 소리라 하겠다.

어미 소의 큰 눈에서 눈물이 흐른다. 시장에 팔려 가는 송아지를 보며 어미 소가 목메어 운다. "움 메에", "움 메에" 하며 우는 소리는, 새끼와의 이별이 서러워 우는 어미 소의 애달픈 소리다.

어머니가 새벽 일찍 장독대 앞에서 정화수를 떠 놓고 기도를 올린다. 들릴 듯 말 듯한 어머니의 기도 소리는, 자식들의 앞길을 환하게 열어 달라는 갸륵한 정성이 담긴 소리다.

　날이 샐 무렵이면 닭이 운다. 새벽닭 우는 소리는 칠흑 같은 어둠을 뚫고 밝은 새벽이 오고 있음을 알려주는 자명종 소리다.
　사랑하는 젊은 남녀가 사랑을 속삭인다. 그들에겐 말은 하지 않아도 서로의 마음이 통하는 언어가 있다. 연인들이 나누는 사랑의 소리는 눈빛만 보아도 알 수 있는 들리지 않는 마음의 소리다.
　아기를 재우기 위해 엄마가 자장가를 부른다. 아기를 품에 안고 불러주는 자장가 소리는 아기를 재우는 묘한 힘도 있지만, 건강하게 잘 자라 달라는 어머니의 기원이 들어 있다. 엄마와 아기가 눈 맞춤할 때마다 엄마의 인자한 마음이 담긴 다정스러운 목소리가 아기의 귓가에 맴돈다. 어머니의 자장가 소리는 어질고 자애로운 마음이 있어, 칭얼대던 아기도 금세 눈을 감게 하는 묘한 마력이 있다.
　대부분의 물체는 평정을 잃을 때 소리를 낸다고 한다. 풀과 나무는 본래 소리가 없지만 바람이 불면 소리를 낸다.
　우리가 주변에서 들을 수 있는 소리는 여러 가지가 있다. 대부분의 소리는 귀로 들을 수 있지만, 들을 수 없는 소리도 있다. 들을 수 없는 소리는 눈으로 보고 가슴으로 들을 수 있는 소리다. 그 소리야말로 가슴에 큰 울림으로 들어와 마음으로 깨달을 수 있는, 이 세상에서 가장 큰 소리가 아닐까?

그런 소리를 한 번 들어 보고 싶다.

(2023.『에세이문학』가을호)

6·25전쟁 일화

　전쟁은 인류에게 큰 불행을 가져다주었다. 그런 불행 중에도 따뜻한 정도 피어났다. 여기에 따뜻한 6·25전쟁의 일화 몇 개를 소개해 보기로 한다.
　6·25전쟁이 발발하자 국군은 3일 만에 서울을 포기하고 후퇴를 거듭하였다. 이에 딘 소장은 워커 중장의 명령에 따라 대전을 방어하려 했으나, 대전은 이미 북한군에게 포위된 상태였다. 딘 소장은 대전 시내에서 몇 차례 시가전을 벌였으나 속수무책이었다. 그는 대전 방어를 포기하고 영동으로 후퇴하기 위해 대전 시내를 빠져나갔다. 그는 옥천 쪽으로 간다는 것이 방향을 잘못 잡아 금산 쪽으로 갔다.
　가는 도중 그는 북한군의 기습공격을 받자 차를 버

리고 산속으로 들어갔다. 이때 함께 탈출하던 부상병이 산속에서 물을 달라고 하자, 물을 떠다 주려고 계곡을 내려가다 그만 절벽에서 굴러 정신을 잃고 말았다. 그곳에서 그는 일행과 떨어져 홀로 남게 되었다. 그 후, 산속을 계속 헤매던 그는 낙오병 타보 중위를 만나 동행을 하게 되었다. 그들은 금산, 진안을 거쳐 미군이 있는 대구로 가기 위해 동남쪽으로 걸었다.

어느 날 저녁 작은 마을을 발견하고 조심스레 그 동네로 들어갔다. 동네 사람들이 나와 그들을 둘러쌌다. 동네 사람들은 찬물에 미숫가루를 타 주고 달걀까지 갖다주었다. 하지만, 그곳 주민의 밀고로 북한군에게 포위되자 그는 타보 중위와 함께 초가집 뒷문으로 도망쳐 나왔다. 여기서 그는 타보 중위와 헤어져 다시 홀로 되었다.

그 후, 그는 무주군 적상면 방이리의 외딴집 박종구 씨 집으로 들어갔다. 그는 배를 만지며 배가 고프다는 시늉을 했다. 박종우 씨는 친절하게 그에게 닭곰탕에 삶은 감자까지 내어 주었다. 그 집에서 3일을 지냈다. 그는 박종구 씨의 후한 대접에 고마움의 표시로 손목에 차고 있던 시계를 풀어주며, 고맙다고 인사를 하고 나왔다.

그는 다시 길을 걷다가 중년 남자 한 씨를 만났다. 그는 한 씨에게 대구로 가는 길을 안내해주면 크게 사례하겠다고 하였다. 한 씨는 손짓과 발짓으로 대구로 가는 길을 안내해주겠다고 하였다. 그를 따라가다 20대 청년 최 씨를 만났다. 그는 그들을 따라가다가 10여 명의 청년과 마주쳤다. 그들은 그의 두 팔을 등 뒤로 묶은 후 파출소로 끌고 갔다. 그리고 북한군에게 넘겨주었다.

그 후, 그는 북한군 포로가 되어 북한에 억류되었다가 1953년 10월 4일 포로 교환으로 풀려났다.

전쟁이 끝난 후, 3만 원을 받고 딘 소장을 북한군에게 넘겨준 한 씨와 최 씨는 무기징역을 선고받았다.

이 소식을 들은 그는 이승만 대통령께 편지를 보내, 북한군에게 넘겨준 두 사람을 관대하게 처리해 줄 것을 청원하였다. 그래서였을까? 그들은 전향자로 감형되어 1957년에 석방되었다. 하지만, 그는 밀고자로 인해 그동안 군에서 쌓았던 명예와 전공(戰功)에 치명적인 타격을 입었고, 3년간 포로 생활을 하면서 겪었던 고초와 치욕을 잊고 그들을 용서했다.

다음은 워커 장군의 이야기이다. 샘 워커는 미 8군 사령관 워커 장군의 외아들이다. 그는 아버지와 함께 6·25전쟁에 참전하였다. 인천상륙작전의 성공으로 국군과 유엔군은 압록강까지 북진하였다. 하지만, 중공군의 개입으로 다시 후퇴할 때, 워커 장군의 아들이 큰 공을 세워 은성무공훈장을 받게 되었다.

아들의 무공 소식에 감격한 워커 장군은 자신이 직접 아들에게 훈장을 달아주고 싶었다. 그는 아들에게 훈장을 달아주기 위해 지프를 타고 가다 맞은편에서 오던 한국군 병사가 운전하던 트럭을 피하려다 교통사고로 사망하였다.

6·25전쟁 중 미 8군 사령관의 사망은 아주 큰 사건이었다. 따라서 이승만 대통령은 한국군 운전사를 사형시키려 했으나, 미군 참모들과 워커 장군 가족의 적극적인 만류로 징역형을 받게 되었다.

곤경에 빠트렸던 사람을 용서하기란 결코 쉬운 일이 아니다. 하지만 딘 소장이나 워커 장군의 가족과 참모들은 상대방의 잘못을 너그럽게 용서했던 것이다.

이번엔 제임스 밴 프리트(James A. Van Fleet) 미 8군 사령관과 아이젠하워 대통령의 이야기다. 밴 플리트 사령관의 아들 지미 밴 플리트 공군 중위는 자원해서 6·25전쟁에 참전하였다. 그는 압록강 남쪽의 순천지역을 폭격하기 위해 비행기를 몰고 출격했다가 행방불명이 되었다. 이때 미 공군에선 어떻게 해서라도 밴 플리트 사령관의 아들을 찾으려 했다. 하지만 밴 플리트 사령관은 자기 아들을 찾기 위해 미군 병사들이 나섰다간 북한군의 공격을 받아 희생될 것 같아 아들을 찾지 말라 명령하였다. 그 후, 그는 한동안 아들을 잃은 슬픔에 빠져 있었다.

그 무렵 미국의 대통령 선거에서 당선된 아이젠하워가 6·25전쟁 상황을 살펴보기 위해 미 8군 사령부를 찾았다. 밴 플리트 사령관은 아이젠하워 대통령 당선인과 미 8군 및 한국군 장군과 각국 기자들 앞에서 전쟁 상황을 설명하였다. 조용히 설명을 듣고 있던 대통령 당선인이 질문하였다. "사령관, 내 아들 존 아이젠하워 소령은 지금 어디에서 근무하고 있습니까?" 대통령 당선인의 개인적인 질문에 밴 플리트 사령관은 얼굴을 붉히며, "존 아이젠하워 소령은 전방 미 3사단 정보처에 근무하고 있습니다."라고 대답했다. 그러자 대통령 당선인은 "사령관, 내 아들을 후방으로 빼 주시오."라고 부탁을 하였다. 그 자리에 있던 모든 사람이 의아스러운 눈으로 대통령 당선인을 바라보았다. 이어 대통령 당선인이 조용히 말했다.

"내 아들이 전투 중에 사망한다면 슬픈 일이지만, 나는 가문의 영광으로 생각하겠습니다. 그러나 내 아들이 북한군의 포로가 된다면 북한군은 내 아들을 볼모로 미국과 협상을 하려 할 것입니다. 나는 결코 그런 불리한 협상은 하지 않을 것입니다. 하지만 미국 국민은 대통령의 아들이 적군의 포로가 되는 것을 원치 않을 것입니다. 미국 국민들은 대통령의 아들을 구해야 한다며, 북한군이 미국과 한국에

불리한 요구를 하더라도 들어주라 할 것입니다. 나는 그러한 상황을 원치 않습니다. 그래 사령관님께 내 아들이 포로가 되지 않도록 해 주시라고 부탁하는 것입니다."

그제야 밴 플리트 사령관은 밝은 표정을 지으며, "내, 바로 조치하겠습니다. 각하!" 하고, 우렁찬 목소리로 대답하였다.

참으로 훌륭한 대통령 당선인이요, 사령관이라 할 수 있겠다.

이러한 일화들을 남기며 1,129일 동안 지속된 6·25전쟁에서, 미군 장성의 아들은 142명이 참전해서, 35명이 전사하였다.

(2022. 『수필문학추천작가회 사화집』)

좌충우돌 초임 교사

처음 시댁에 온 새색시 같다. 낯선 환경에 적응하며 실수라도 하지 않을까 신경을 쓰면서 근무한다. 대부분의 초임 교사가 그랬다.

70년대 중반 천안의 ㅊ공고에서 근무할 때다. ㄱ선생은 회사에서 근무하다 교사로 직업을 바꾼 초임 교사였다. ㄱ선생이 우리 반 ㅈ군이 수업 시간에 말을 잘 안 듣고 말썽을 부린다 하여, 안면도에 사는 부모에게 전보를 쳤다. 'ㅈ군 교통사고, 급래교.' 그때는 집 전화가 흔하지 않던 시절이라 전보가 가장 빠른 연락 수단이었다.

아들이 교통사고를 당했다는 전보를 받고 ㅈ군의 부모는 부랴부랴 안면도에서 택시를 타고 천안까지 왔다. 학교에 도착해 아들이 교통사고가 난 것이 아닌 것을 확인한 부모는 한마디 항의도 못 하고 허탈한 마음으로 안면도로 돌아갔다. 요즈음 같으면 ㄱ선생은 고발을 당했거나 징계를 받았을 것이다. 같은 교사로서 부끄러운 일이었다.

ㅂ중학교에 근무할 때다. 아침에 출근하는데 관광버스 7대가 운동장에 주차해 있다. '학생들이 현장 체험학습을 하러 가는 날도 아닌데, 무슨 일일까?'

학생들이 현장 체험학습을 갈 때는 학년 초에 계획을 세운 후, 결재를 받아야 하고, 시행 전에 다시 결재를 받아야 한다. 내가 시행한다는 결재를 했다면 현장 체험학습 날을 기억하고 있었을 텐데, 오늘은 아니다. 궁금해서 교감 선생님과 행정실장한테 물어봐도 모르는 일이라 했다. 뭔가 일이 잘못된 것 같다.

현장 체험학습을 담당하고 있던 ㅎ선생은 초임 교사다. 그녀는 자신이 맡은 일을 깜냥껏 잘해 보려 했다. 하여 담임교사들에게만 현장 체험학습 날짜와 시간을 알려준 후, 버스회사에 전화해 버스를 대절하였다. 그녀는 현장 체험학습의 계획은 결재했으나, 시행한다는 결재를 하지 않았다. 그녀는 그런 절차를 모르고 혼자서 일을 추진했던 것이다. 일은 벌여놨으니 어떻게 해야 할까? 계약을 취소하고 버스를 돌려보낸다면 그녀가 버스회사에 손해 배상을 해 줘야 할 것 같다. 어이가 없어 웃으며 시행한 적이 있다.

그녀가 생각을 더 했더라면 전년도에 시행했던 서류를 한 번 확인해 본 후, 일을 처리하거나 경험 있는 선배 교사의 조언을 받아 일을 처리했더라면 그런 실수를 하지 않았을 것이다.

한번은 펜싱부 여학생들이 강원도 원주에서 전지훈련을 할 때다. 연습경기 중 한 학생이 검에 허벅지를 찔려 상처를 입었다. 초임 교사였던 ㅂ선생은 그 학생을 인근에 있는 병원에 입원시키지 않고, 129구급차를 타고 대전까지 와 병원에 입원시켰다. 그래, 적잖은 교통비를 지급하였다. 이때도 교사가 학교로 전화를 해서 문의를 해 본 후, 조처했더라면 그런 일은 일어나지 않았을 것이다.

초임 교사라 해서 다 그런 것은 아니다. 열심히 하는 교사들도 많다. 실무 경험이 없어 잘 모를 때는 선배 교사들에게 물어 일을 처리하는 교사들도 많다. 모르면 물어서 일을 처리하는 것이 어쩌면 현명한 처사일 것이다. 자신이 최고라 생각하고 일을 할 때 잘할 수도 있겠지만, 모든 일에 경험을 무시할 수는 없을 것이다.

ㅂ중학교에 근무할 때다. 초임 교사 중 이 메일 이름을 '좋은 사람'이라 쓰는 선생이 있었다.

그녀는 훤칠한 키에 얼굴엔 항상 미소를 띠고 있었다. 맡은 일도 말없이 성실하게 처리했고, 학생지도에도 솔선수범을 보였던 교사다. 그런 그녀가 건강검진에서 위에 이상이 있어 재검 통지를 받았다. 재검 결과 위암 증세가 있어 병원에서 수술을 하고 병가 후, 휴직을 하였다. 다행히 수술 결과가 좋아 주기적으로 항암치료를 받는다고 하였다.

그러던 어느 날 그녀가 학교로 와 복직을 시켜달라 하였다. 수척해진 그녀의 모습을 볼 때 복직해서 학생들을 지도하기엔 무리일 것 같았다. 그래 집에서 요양한 후, 건강이 회복되면 언제든지 찾아와 복직 신청을 하라 하였다. 하지만 그녀는 막무가내였다. 눈물을 흘리며 학생들을 가르칠 수 있으니 제발 복직을 시켜 달라 애원하였다. "허약한 몸으로 왜 복직하려고 하느냐?"고 물었다. 휴직하기 전 그녀는 3학년 담임 반 학생들에게, "내가 너희들은 꼭 졸업을 시키겠다."고 약속했다는 것이다. 학생들과의 약속도 중요하지만, 그녀의 건강이 더 중요하다고 생각하였다. 계속 울고 있는 그녀를 달래 교문 앞까지 배웅하고 돌아오는 마음이 무겁기만 했다.

어느 날 그녀의 집에서 전화가 왔다. 그녀가 세상을 떠났다는 것이다. 안타깝고, 서운한 일이다. 이제 밝은 미소를 띤 그녀의 모습을 볼 수가 없다. 그녀가 얼마나 학생들을 사랑하고 보고 싶어 했던지, 체육대회 날에는 가발을 쓰고 몰래 학교 울타리 밖에서 자기 반 학생들의 모습을 한동안 쳐다보다 돌아갔다고 한다. 그녀도 초임 교사였다. 하지만 그녀는 학생들을 한없이 사랑했고, 동료 교사들에게도 친절했으며, 업무처리 능력도 뛰어난 교사였다.

무슨 까닭인지, 나는 초임 교사였던 '좋은 사람'이란 그녀의 이름을 아직도 잊지 못하고 있다.

(2021. 『문학도시』 10월호)

열차가 고마울 때

　서울에 출장을 가기 위해 길을 나섰다. 택시가 없어 큰길까지 나가 택시를 잡으려 했지만 지나는 택시마다 그냥 가 버린다. 열차 시간이 아직은 40분이나 남아 여유가 있다. 자동차의 통행이 많은 큰길로 나갔다.
　그곳에서도 택시를 잡는 것은 어려웠다. 손을 들고 택시를 잡기 위해 몇 차례 거리를 뛰어다녔지만 모두 허사였다. 이젠 열차 시간이 20분밖에 남지 않았다. 집을 나설 때만 해도 시간상 여유가 있어 안심했지만, 시간이 흐를수록 마음이 초조해지기 시작했다. 지금 택시를 타고 빨리 대전역까지 간다 해도 열차 시간을 맞추기가 어려울 것 같다.

마침 개인택시 한 대가 왔다. 어차피 늦었지만, 대전역까지 가 보기로 하였다. 이제라도 택시를 타니 안심이 되었다. 아무 걱정이 없는 척하며 시계를 보니 열차 시간이 15분밖에 남지 않았다. 택시기사가 빨리 달린다 해도 역에 도착했을 때는, 이미 열차가 떠났을 시간이다.

내 마음은 급한데 그런 마음을 알 리 없는 택시기사는 한가롭게 차를 운전한다. 모범택시 기사답게 모든 교통질서를 다 지키며 운전을 했다. 정지신호에서도 같이 출발한 차는 벌써 저만큼 갔는데, 내가 탄 차는 이제야 출발을 한다.

가끔 택시를 타 보면 불안할 정도로 차를 빨리 모는 택시기사도 많았건만, 내가 탄 택시기사는 왜 이리 여유롭게 운전을 할까? 게다가 그는 축농증까지 있어 코를 자주 훌쩍이며 신호라도 걸릴라치면 이리저리 두리번거리느라 다른 차보다 한 걸음 늦게 출발을 했다.

뒷자리에 앉아 시계를 자주 들여다보며 초조해하는 내 마음은 전혀 아랑곳하지 않았다.

'빨리 가자.'고 재촉하고 싶었지만, 그 말이 쉽게 나오질 않았다. 여유롭게 운전을 즐기는 그에게 그런 말은 사치일 것 같아 혼자서 애만 태웠다. 이럴 땐 차라리 체념하는 것이 나을 듯싶었다. 초조한 마음을 안정시켜 봤지만 정지 신호라도 걸리면 또다시 신경이 쓰였다.

그렇게 애를 태우며 대전역에 도착하였다.

열차는 이미 떠났을 시간이다. 떠난 열차지만 혹시나 하는 마음에서 개찰구를 향해 뛰어갔다. 이럴 때 엎친 데 덮친 격으로 구두끈마저 풀어져 제멋대로 춤을 추고 있다.

열차가 떠났을 시간인데 어찌 된 영문인지 개찰구 문이 열려 있고 역 직원이 표까지 검사한다. 그에게 열차표를 보여줬더니 차표에 구멍까지 뚫어준다. 그때 마침 플랫폼에 멈춰 선 열차가 있었고 아직도 열차에 오르는 사람들이 있어 나도 뒤따라 올랐다.

내가 타고 가야 할 무궁화호 열차는 뒤늦게 들어온 새마을호 열차 때문에 떠나지 못하고, 새마을호 열차가 떠난 후에 출발하려고 역 플랫폼에서 대기하고 있었던 것이다.

만약 내가 역에 일찍 도착해 열차에 타고 있는데, 특급열차를 피하려고 역에서 한동안 기다렸다면 열차가 고마울 리 없겠지만, 오늘따라 연착한 열차가 고맙다.

예약한 좌석에 앉아 나도 택시기사처럼 마음의 여유를 부려 본다. 그제야 풀렸던 구두끈을 졸라매는데 열차는 언제 연착을 했냐는 듯, 서울을 향에 힘차게 달리기 시작했다.

(2011. 『한국수필』 5월호)

아쉬운 미련

살다 보면 지난 일에 대한 미련이 있게 마련이다. '그때, 그렇게 하지 않았더라면 지금은 어떻게 되었을까?' 하고, 아쉬워하거나 안타깝게 생각할 때가 있다. 그 생각이 쉽게 뇌리에서 떠나질 않는다.

고등학교 때 부여박물관 앞에 골동품 가게가 하나 있었다. 사람들이 골동품에 대해 별 관심이 없던 때였다. 그 가게에서 제일 먼저 눈에 띈 것은 말 세 마리가 새겨 있는 마패였다. 조선시대 암행어사가 가지고 다니던 마패. 그 마패는 탐관오리에겐 공포의 대상이요, 폭정에 시달리던 백성에겐 정의의 상징이었다. 그 마패를 꼭 사고 싶어 가격을 물어봤더니 1,000원이라 한다. 하지만 내 수중엔 그렇게 큰돈이 없었다. 한동안 마패를 만져 보다가 미련만 남기고 가게를 나왔다.

학창 시절엔 가수가 되고 싶었다. 그런 까닭에 많은 가수의 신상 명세는 물론 그들이 언제 어디서 공연을 하는지까지 다 꿰뚫고 있었다. 읍내에서 가수들이 공연하는 날이면 그들을 만나기 위해 극장 근처를 서성거렸고, 운동장에서 공연할 때는 그들이 타고 있는 버스 옆으로 가 차창을 두들겨 사인을 받았다. 그래 60, 70년대 유명 가수들의 사인은 거의 다 받아놓은 노트가 있었다. 그 노트엔 유명인사 및 당선되기 전 어느 대통령의 사인도 있었다.

그 후, 대학을 졸업하고 천안에서 직장 생활을 했다. 따라서 학창 시절에 사용했던 책과 노트는 어머니가 계신 고향 집에 보관해 두었다.

얼마 후, 고향 집에 가 벽장 문을 열어 보니 그곳에 있어야 할 책과 노트가 하나도 없다. 벽장 안이 텅 비어 있었다.

어머니께 여쭈어보았다. 어느 날 고물 장수가 왔길래 벽장에 있던 책과 노트 등을 주고 비누 몇 장을 받아왔다고 하셨다. '여러 해 동안 수고해서 만들어 놓은 사인 노트인데….' 서운했지만 어쩔 수 없었다. 어머니는 아들이 학교를 졸업했으니 책과 노트가 필요 없으리라 생각되셨나 보다.

그래 사용하지 않는 책과 노트보다는 생활에 필요한 비누 몇 장이 더 요긴했던 것이다.

물유각주(物有各主), 모든 물건에는 임자가 있다고 한다. 내겐 그게 소중한 물건이었지만 본래 내 것이 아니었나 보다.

그 노트가 지금 내게 있다면, 가끔 시간이 날 때마다 그걸 넘겨보며 혼자 미소를 지었을 것 같다. 혹여 세월이 지나고 나면 그게 귀중한 물건이라 생각되어 「진품명품」에도 나갈 것이 아닌가?

지금도 마패와 사인 노트를 생각하면 아쉬운 미련이 남는다.

(2022. 『그린에세이』 5·6월호)

충무공 영혼이 머물다 가신 곳

　　남도의 끝자락에 있는 섬 완도. 그곳은 역사적으로 우리 수군의 전략적 요충지였다. 신라 때는 장보고 장군이 장도에 청해진을 설치했고, 조선시대 때엔 이순신 장군이 고금도에 수군 진영을 설치하였다. 두 곳 모두 조망(眺望)이 좋아, 지나는 배를 통제하기에 좋은 지리적 여건을 갖추고 있었다. 완도군에 있는 고금도로 갔다. 고금도는 남해에서 서해로 가는 길목에 있어 오른쪽엔 약산도가 있고, 왼쪽에는 마량도가 있다. 따라서 두 섬 사이의 수로가 좁아 정유재란 때는 조선 수군의 군사적 요충지가 되었다. 또한, 이곳은 왜군의 주둔지와도 가까워 그들의 동태를 쉽게 파악할 수 있었고, 땅이 기름져 군사들이 식량을 자급

자족할 수 있었으며, 군선을 제작하거나 수리하기에 좋은 포구가 있다.

그래 이순신 장군은 1598년 2월 17일, 목포 앞 고하도에서 수군 8,000여 명을 이끌고 이곳으로 와 수군 본영을 설치하였다.

장군의 유적이 있는 충무사로 갔다. 주차장 옆에 하마비(下馬碑)가 세워져 있다. 예전엔 여기서부터 말에서 내려 걸어갔지만, 지금은 차에서 내려 걸어간다.

하마비 왼쪽에 월송대(月松臺)란 안내판이 있고, 그 뒤로 소나무 동산이 있다. 소나무로 둘러 있는 월송대로 갔다. 장군께서 밤이면 이곳에 와 왜군을 피해 몰려오는 피난민들의 생활과 군선의 제작, 왜군과의 전투 등에 관한 생각을 하셨던 곳이라 한다. 달뜨는 밤이면 소나무 사이로 달빛이 비쳐 조용히 사색하기에 알맞은 곳이라 생각되었다.

사람이 타향에서 사망을 하면 상여가 생전에 살았던 망자의 집을 거쳐 장지로 간다. 그런 연유였을까? 장군이 노량해전에서 순국한 후, 처음엔 유해를 남해 충렬사에 가매장하였다. 그 후, 장군의 수군 진영이 있던 이곳 월송대에 80여 일간을 모셨다가, 현재의 묘소가 있는 아산 어라산 자락으로 이장했다고 한다.

월송대. 이곳은 장군께서 달밤에 자주 와 사색을 하셨던 곳이다. 커다란 원형으로 된 회갈색 흙이 장군의 묘가 있던 곳이다. 원형 안에 있는 평평한 흙에는 잔디가 없다. 장군의 영혼이 서려서인지 묘가 있던 부분의 흙에는 신기하게도 풀 한 포기 자라지 않는다고 한다. 또한, 장군의 묘 둘레에 있는 소나무들이 묘 쪽을 향해 기울어져 있다. 장군께 고개 숙여 인사를 올리는 형상이다. 준비해 온 향을 사르고 장군께 술잔을 올렸다.

월송대에서 내려와 장군의 영정이 모셔있는 충무사(忠武祠)로 향했다. 충무사는 월송대 맞은편에 있다. 홍살문을 지나 외삼문에 들어서면 충무사란 편액이 붙어 있는 중삼문이 나온다. 중삼문 안 양쪽에 유생들이 공부하던 건물인 동재(東齋)와 서재(西齋)가 있다. 중삼문을 지나 내삼문 안으로 들어섰다. 그곳에 장군의 영정을 모신 충무사가 있다.

본래 이곳은 명나라 제독 진린이 세운 관왕묘(關王廟)가 있던 곳이다. 1598년 7월 16일, 명나라 제독 진린이 수군 5,000명을 이끌고 고금도에 도착했다. 그는 이곳에 촉나라 장수 관우의 제사를 모시는 사당인 관왕묘를 짓고, 명나라 수군의 안녕과 승전을 기원하였다. 그 후, 관왕묘에 이순신 장군과 진린, 등자룡 등을 추가로 모셨으나, 일제 강점기를 거치면서 관왕묘는 유실되고 해방 후, 그 자리에 이순신 장군의 영정과 위패를 모신 충무사를 세웠던 것이다.

장군의 영정 앞에 향을 사르고 인사를 올렸다. 그리고 영정을 촬영하는데 밖에서 햇빛이 비춰 영정 아랫부분이 하얗게 보인다. 몇 차례 다시 촬영했지만, 사진마다 먼저 촬영한 것과 같았다.

  사진 촬영을 마치고 충무사를 나오는데 왼쪽에 있는 건물 동무(東廡)* 안에도 장군의 영정이 보인다. 빛은 바랬지만 그 사진을 촬영하면 빛이 비치지 않아 좋을 것 같다. 안으로 들어가 사진을 촬영하고 돌아 나오려는데 안쪽에도 커다란 영정이 모셔져 있다. 영정의 위 커틴엔 陽城李氏大宗會(양성 이씨 대종회)라고 쓰여 있다. 여기에 모신 영정은 가리포(완도) 첨사였던 이영남(李英男) 장군이 아닌가? 하마터면 여기까지 와 이순신 장군만 뵙고 이영남 장군은 뵙지 못하고 갈 뻔하였다. 송구스러운 마음이 들었다. 장군께도 향을 사르고 인사를 올렸다.

  이영남 장군은 처음엔 경사우수사 원균 휘하의 율포 만호로 있었다. 하지만, 원균이 칠천량 해전에서 왜군에 패하자 후에 가리포 첨사로 임명되어, 이순신 장군을 도와 명량해전에서 큰 공을 세우고, 노량해전에서 이순신 장군과 함께 전사하신 분이다. 그래 이영남 장군의 영정을 이곳 충무사 동무에 모신 것이다. 이영남 장군께 인사를 드리지 못하고 갔더라면 장군께서 얼마나 서운해하셨을까?

나오는 길에 서재 뒤쪽의 관왕묘비(關王廟碑)가 있는 곳으로 갔다. 묘비(廟碑)는 세월의 흔적을 보여주듯 비바람에 씻겨 비문의 글씨가 잘 보이지 않는다. 전각 안에 있는 묘비는 1713년(숙종 39)에 세운 비로, 관왕묘 설립에 관한 내용과 명나라 도독 진린이 이순신 장군의 순국을 애석하게 생각했다는 내용이 새겨 있다고 한다.

고금도, 이곳은 이순신 장군이 설치했던 수군의 마지막 본영이요, 조·명 연합 수군이 합심해 왜군을 무찔러 승전한 곳이다. 또한, 이곳은 장군께서 생전엔 백성의 안녕과 조선 수군의 승전을 위해 고뇌하셨고, 사후엔 그의 영혼이 잠시 머물다 가신 유서 깊은 곳이었다.

*동무(東廡): 사당(祠堂)의 동쪽에 있는 건물
*묘비(廟碑): 조상이나 성인 등을 모신 사당에 세운 비석

(2022.『해군』12월호)

알량한 자의 직권 남용

시험 기간에 학부모한테서 전화가 왔다. 시험 기간 중 학부모한테서 전화가 오는 것은 그리 좋은 일이 아니다. 긴장해서 전화를 받았다. 3학년 ○과목 시간에 많은 학생이 커닝을 했다고 한다. 깜짝 놀랐다. 학부모나 학생들이 가장 많은 관심을 두고 있는 것이 성적인데, 성적관리에 문제가 생긴 것 같다.

그 반 시험을 감독했던 교사는 기간제 여교사였다. 그녀는 서울의 명문대학 출신으로 남편은 한의사였다. 경제적으로 여유도 있고, 아이들도 다 키워 놓고 보니 할 일이 별로 없었다. 집에 있는 것이 너무 답답해 생활에 변화를 주기 위해 기간제 교사로 들어온 것이다. 그녀는 교원 자격증은 있으나, 교사로 근무한 적은 없었다.

 학부모들의 항의 전화가 교장실로 빗발쳤다. 감독 교사가 시험 시간에 신문을 보고, 심지어는 교실을 잠깐 비우기까지 했다는 것이다. 입이 열 개라도 할 말이 없다. 어떻게 시험 시간에 감독 교사가 교실을 비웠단 말인가? 도저히 상상할 수 없는 일이다.

 학부모께 죄송하다는 말과 함께 진상을 조사한 후, 조처하겠다고 하였다.

 감독 교사가 교실을 비운 사이 많은 학생이 커닝을 했다고 한다. 따라서 그 과목 성적은 정상이 아니었다. 그 과목 시험을 다시 본다고 해도 문제가 있었다. 학생 중 처음에 본 점수는 좋고 나중에 본 점수가 나쁘거나, 처음 본 점수는 나쁜데 나중에 본 점수가 좋을 경우, 어떻게 처리해야 할 것인가? 진퇴양난이었다. 또한 감독 교사의 처리도 문제였다. 정식 교사라면 교육청에서 징계 절차에 의해 처리할 수 있지만, 그녀는 기간제 교사였다.

 조사 결과 그녀는 시험 시간에 신문을 보았다. 또한, 학생들에게 여러 차례 답안지를 교환해 준 후, 여유 답안지가 모자라자 옆 교실로 가 답안지를 가져다 학생들에게 나누어 주었다. 대부분의 학생이 그녀가 교실을 비운 사이에 커닝을 한 것이다.

교직 경험이 있는 교사라면 답안지가 부족할 때, 한 학생을 시켜 옆 교실에 가 답안지를 가져오게 했을 텐데….

학부모들의 항의는 계속되었고 전교 학생들은 물론, 이웃 학교에까지 소문이 다 났다. 주위에선 이 문제를 어떻게 처리할 것인가에 관심이 컸다.

학업성적관리위원회를 열어 그곳에서 결정되는 내용을 따르기로 하였다. 학업성적관리위원회에서도 갑론을박이 계속되었고 별 뾰족한 수가 없었다.

많은 의견이 거론된 끝에 그 과목 시험을 다시 본 후, 2회의 시험 점수 중 높은 점수를 하나 선택하기로 하였다. 그것이 학생이나 학부모의 불평을 최소화하는 방법이었다.

다음은 기간제 교사의 처리 문제였다. 이 사건은 기간제 교사가 시험 감독을 소홀히 했기 때문에 일어난 문제다. 따라서 그 교사를 계속해서 임용한다면 학부모는 물론 학생들의 불만도 커질 것 같았다.

그녀를 불렀다. 지금까지의 상황과 학교의 입장을 설명한 후, 사직을 권했다. 기간제 교사의 임용과 해임 권한은 교장에게 있기 때문이다. 그녀는 "더 근무할 수 없느냐?"고 물은 후, "그렇게 할 수 없다."고 하자, 서운한 표정을 지으며 나갔다.

이튿날 아침 전화가 왔다. 자신이 시의원이라며 기간제

교사를 계속 임용해 달라는 부탁이었다. 그녀는 이미 학생과 학부모에게 신망을 잃었고, 학교의 명예를 실추시켰기 때문에 그리할 수 없다고 했다. 그러자 그는 내게 트집을 잡기 시작하였다. 시의원이 전화를 했는데 전화 받는 태도가 그게 뭐냐고 했다. 어이가 없었다. 그에게서 전화가 왔을 때 "예, 감사합니다."라고 말한 후, 이어 소속과 이름을 밝혔다. 나는 결례를 하지 않았다고 생각했는데, 그는 시의원이란 지위에 대단한 자부심을 갖고 있는 것 같았다. 또한, 시의원의 요구를 고분고분 들어주었으면 좋았을 텐데, 거절한 것이 괘씸해서 그랬나 보다. 그는 시의회 교육위원회 소속 의원으로 교육청 예산에 관여하는 부서에 있다는 것을 강조하며, 자신의 요구 사항을 들어주길 강요했다.

시의원이라면 시민들을 위해 일을 잘하라고 뽑아준 것이지, 학교 경영에까지 간섭하라고 한 것은 아니다. 만약 학교장이 학교 경영을 잘못했다면 시정을 요구해도 할 말은 없다. 하지만, 이것은 아니다. 잘못된 일에 대해 최선의 방법으로 처리했고, 이 사건의 책임을 물어 기간제 교사를 해임한 것이 뭐 그리 잘못된 일인가? 자신의 알량한 직위를 이용해 직권을 남용한 것이라 생각되었다.

그는 시의원 선거 때 한의사회 회장으로 있던 기간제 교사 남편의 도움을 받았다고 한다. 선거 때 도움을 받았다

해서 문제의 기간제 교사를 해임하지 말라 강요하는 것은 잘못된 처사다.

하지만 고민이 되었다. 나에겐 그를 감당할 만한 힘이 없었기 때문이다. 그렇다고 누구에게 도움을 청할 처지도 아니었다. 시의원의 강요에 저항할 수 없는 내 처지가 한없이 초라했다. 그렇다고 기간제 교사를 계속 임용한다면 양심에 가책을 받을 것이고, 학부모나 학생들이 나를 경멸할 것이 아닌가. 치밀어 오르는 화를 진정시킨 후, 언론사 간부로 있는 지인한테 전화를 했다. 평소엔 연락하지 않았지만 답답해서 전화를 하였다.

이튿날, 시의원한테서 전화가 왔다. 지난번 자기 잘못을 사과한다며, 한번 만나 식사를 하자고 했다.

참으로 우스운 일이다. 그는 시의원이란 직위를 이용해 내게 갑질을 한 것이다. 그는 약자에겐 한없이 강했고, 강자에겐 한없이 약한 사람이었다.

(2022.『문예바다』가을호)

5부

하얼빈역을 뒤흔든 총소리

중명전의 저녁노을
기복된 날의 하루
8월에 부르는 노래
노래가 반전시킨 문학 인생
하얼빈역을 뒤흔든 총소리
덤으로 산다
평생직장
어설픈 독일 견문
신발장에서 배운 인생

중명전의 저녁노을

덕수궁으로 가 함녕전, 중화전, 즉조당 등, 여러 전각(殿閣)을 둘러보았다. 전각마다 조선 왕실의 희로애락을 세월에 묻고 의젓이 자리를 지키고 있다.

집에 돌아와 덕수궁 안내 리플릿을 펼쳐보았다. 각 전각에 대한 내력과 이야기가 소개되어 있다. 전각을 돌아볼 때는 몰랐던 이야기도 리플릿을 보고 알았다. 많은 이야기 중 을사늑약에 대해선 알고 있었으나, 체결된 장소가 덕수궁 돌담 밖에 있는 중명전(重明殿)이란 건 몰랐다. '알았더라면 그곳을 꼭 보고 왔을 텐데…' 그런 것도 모르고 덕수궁 안에 있는 전각들만 수박 겉핥기식으로 보고 왔다. 아쉬운 마음이 들었다. 언제 날을 잡아 중명전을 꼭 한 번 보고 와야겠다고 생각하였다.

중명전을 보기 위해 아내와 함께 덕수궁으로 갔다. 먼저 해설사의 안내로 석조전을 둘러보았다. 석조전은 쇄국 정책으로 문을 닫았던 조선 말기에 고종황제가 서양 문물을 받아들여 건립한 건물이다. 목조 건축이 대부분인 조선왕조의 건물에 처음으로 서양의 건축 설계와 양식으로 지어진, 웅장하면서도 규모가 큰 건물이다.

한반도 주변에 있는 열강의 암투 속에서, 고종의 웅대한 꿈이 덕수궁 석조전에 담겨 있는 듯싶다. 석조전은 어려운 외교적 현실에서 벗어나 대한제국이 위대한 자주독립국임을 드러내고자 건립한 건물이 아닐까?

덕수궁에 있는 여러 전각을 돌아보며 생각해 보았다. 지난날 화려했던 영화를 간직한 전각도 있는가 하면, 비운을 속으로 감추고 있는 전각도 있었다. 집안의 부귀영화나 한 나라의 흥망성쇠도 세월이 흐르고 나면, 모두가 한 조각 꿈이란 것을 알게 되었다.

덕수궁을 둘러보고 후문으로 나와 미국대사관 옆에 있는 중명전으로 갔다. 중명전은 처음엔 수옥헌(漱玉軒)이라 불렀다. 덕수궁이 대한제국의 황궁으로 정비될 때 황실의 도서와 보물을 보관하는 황실 도서관으로 지었다. 그 후, 1904년 덕수궁 대화재로 고종이 이곳을 임시 궁전으로 옮기면서 중명전으로 불리게 되었다.

광명이 계속 이어져 그치지 않는다는 중명전. 중명전 회의실로 갔다. 그곳에 여러 사람이 앉아 회의를 하고 있다. 여기 있는 사람들 모두 대한제국 대신(大臣)의 관복을 입고 있다. '여기서 무슨 회의를 하는 걸까?' 궁금한 마음에 문 밖에서 조심스레 안을 들여다보았다. 그곳에 있는 사람들은 사람이 아니었다. 사람 크기에 맞게 만들어 놓은 인형이었다. 이곳에 을사늑약의 장면을 재현해 놓은 것이었다. 한데, 좌장(座長) 자리에 앉아 있는 사람은 대한제국의 대신이 아니다. 오른쪽 볼에 검은 사마귀가 있는 이토 히로부미였다. '그가 왜, 좌장 자리에 앉아 있는 걸까?'

그는 1905년 11월 10일, 고종 황제를 찾아뵙고 일왕의 서신을 전달한다. 서신에는 "동양의 평화를 위해 대사를 파견하니 대사의 말에 따라 조처하라."는 내용이다. 하지만 고종은 일왕의 제안을 거절한다. 그 후, 그는 여러 차례 고종황제를 만나 한일협약의 승인을 요청했으나, 고종과 조정 대신들은 반대하였다. 그러자 일본은 11월 17일 덕수궁을 비롯한 모든 전각에 무장한 많은 일본 경찰과 헌병으로 하여금 궁궐을 포위해 공포 분위기를 조성했다.

일본 공사가 일본공사관에서 대신 회의를 개최했으나 그곳에서도 대신들이 반대하자, 이젠 고종황제가 참석하지 않은 어전회의를 중명전에서 열어 대신들에게 한일협약에 찬성할 것을 강요했다. 하지만 대신들이 반대하자 이번엔 개별적으로 한일협약에 대해 찬성과 반대를 물었다. 이때 한규설과 민영기가 반대했고, 이완용, 박제순, 이근택, 이지용, 권중현 등 5명은 찬성했다. 화가 난 한규설이 고종황제께 조약체결을 반대할 것을 주청하고자 회의실 밖으로 나갔다. 이때 밖에서 지키고 있던 일본군이 한규설을 강제로 끌고 가 회의실 옆 작은 방에다 가두었다.

17일 저녁 8시부터 시작한 중명전의 회의는 18일 새벽까지 계속되어 한일협약을 강제로 체결한 것이다. 이 조약이 일본이 강제적으로 대한제국의 외교권을 박탈한 을사늑약인 것이다.

대한제국의 비극은 여기서부터 시작되었다. 한 나라의 운명을 뒤바꿔 놓은 일대의 사건이 여기 중명전에서 일어난 것이다.

하지만 을사늑약은 황제의 어보가 찍히지 않고 일본이 강제로 외부대신의 직인만 찍은 가짜 증서였다.

이에 고종은 을사늑약이 무효임을 알리는 칙서를 헤이그 특사 및 미국인 헐버트를 통해 보냈건만, 약소국 군주의 처절한 외침은 메아리마저 돌아오지 않았다. 다만, 런던 타임지가 이토 히로부미의 협박과 강압으로 을사늑약이 체결되었음을 보도하였고, 프랑스 공법학자 레이도 프랑스 잡지

『국제공법』에 을사늑약이 무효임을 주장하였다.

장지연이 11월 20일 자 황성신문에 「시일야방성대곡(是日也放聲大哭)」을 발표하여 일본의 침략성을 비난하고, 조약에 찬성한 대신들을 질책하였다.

일본에 의해 강제로 을사늑약이 체결되자 대한제국의 모든 외교권은 일본에 빼앗기게 되었다. 이에 외국에 설치되었던 대한제국의 외교관은 모두 폐지되었고, 영국, 미국, 독일 등 우리나라에 주재(駐在)하고 있던 주한 공사들은 모두 공사관에서 철수해 본국으로 돌아갔다.

전직 대신들과 관리들이 고종께 을사늑약이 무효임을 주장하는 상소를 올렸으나 소용이 없자, 민영환, 조병세, 송병찬 등이 자결하였고, 이를 계기로 전국에서 의병이 일어나기 시작했다.

을사늑약을 계기로 일본의 조선 침략에 대한 야욕은 커졌고, 대한제국의 국운은 점점 기울어지기 시작했다.

중명전에 있는 여러 전시실에 전시된 을사늑약과 헤이그 특사들의 활동을 돌아보며, 힘없는 나라의 슬픈 역사를 생각해 보았다.

착잡한 마음으로 전시실을 나올 때엔, 어느덧 중명전도 붉은 저녁노을로 물들기 시작했다.

(2025. 『수필문학』 3월호)

기복된 날의 하루

친구와 함께 보문산 길을 걸은 후 점심을 먹기 위해 식당으로 갔다. 식당 주차장에 자리가 없어 공용 주차장으로 갔다. 차를 주차하고 나오는데 주민센터에 걸린 태극기가 중간까지 내려와 있다.

누군가 태극기를 달았는데 매단 줄이 흘러 내려온 모양이다. 그대로 갈까, 생각하다가 잘 달아 달라 부탁하려고 주민센터로 들어갔다. 태극기를 담당하는 사람을 찾았더니, 한 여자가 나온다. "국기 게양대의 태극기가 내려와 있다."고 말했더니, "미안하다."며 따라 나왔다. 그녀는 국기 게양대의 태극기를 보더니 다시 주민센터로 들어갔다.

가벼운 마음으로 식당에 갔다. 그곳에 내가 다니는

절의 큰 스님이 사람들과 함께 앉아 계셨다. 인사를 하고 친구와 같이 식사를 했다. 식사 후, 식대를 지불하려는데 식당 주인이 "큰 스님이 식대를 내셨다."고 한다. 미안한 마음에 큰 스님께 고맙다는 인사를 하고 식당을 나왔다.

주차장으로 갔다. 궁금한 마음에 주민센터의 국기 게양대를 바라보았다. 태극기가 걸려 있어야 할 기둥에 태극기가 없다. 자세히 보니 태극기가 기둥의 맨 아래까지 내려와 있다. '중간에 걸려 있는 태극기를 올려 달기만 하면 될 텐데, 왜 내려놨을까?' 기분이 상했다.

주민센터로 들어가 조금 전에 만났던 여직원을 찾았다. "출장 가고 없다."고 했다. 다시 태극기를 담당하는 사람을 찾았다. 젊은 남자가 나왔다. 그에게 태극기에 대해 말했더니, "태극기가 너무 낡아서 상급 기관으로부터 태극기를 공급받아 달려고 한다."고 했다. '주민센터에 태극기 하나 살 예산이 없어 그런 것일까?' 한심하다는 생각이 들었다.

태극기가 낡았으면 "기둥에서 떼어놓으면 되지 왜 아래로 내려놓았느냐?"고 말했더니, 그는 나더러 같이 국기 게양대로 올라가 보자고 했다. 어이가 없었다. 내가 왜 주민센터의 국기 게양대까지 올라가야 하는지, 그의 말을 이해할 수가 없다. 잠시 후, 그가 국기 게양대로 올라가더니 바로 내려왔다. 그러고는 칼을 가지고 다시 올라갔다.

그가 사무실로 들어오더니 "태극기를 떼다가 손가락을 다쳤다."며 가지고 온 태극기를 방문객 의자에 던져 놓았다. 할 말이 없었다. 그는 내가 한 말에 화가 나 태극기를 떼다가 손가락을 다친 모양이다. 방문객 의자 위에 덩그러니 놓여 있는 태극기를 물끄러미 바라보았다. 매연으로 때는 좀 탔지만 달지 못할 정도로 낡지는 않았다. 그는 구급함으로 가 상처 난 부위를 응급 처치하고 있다. 이때 여직원들이 그의 곁으로 가더니 파상풍 운운하며 그의 상처를 들여다보고 있다. 의자 위에 놓여 있는 태극기를 만져 보다가 주민센터를 나왔다.

국기는 한 나라를 상징하는 깃발이다. 태극기가 하늘 높이 펄럭일 때는 기분이 좋고, 가슴이 벅차오르는 느낌이 든다. 전쟁 중에도 고지를 점령하거나 상징적인 건물을 탈환했을 때는 먼저 국기를 달았다. 6·25전쟁 중에도 서울 수복에 나섰던 해병대 병사들도 제일 먼저 중앙청에 태극기를 달았다. 그 장면은 언제봐도 가슴이 뭉클하기만 하다. 일제강점기의 우리 선열들은 빼앗긴 태극기를 찾기 위하여 얼마나 많은 사람이 목숨을 잃고 희생되었던가? 제2차 세계대전 때 미군이 일본의 남쪽 섬 이오시마(硫黃島)를 점령했을 때도, 미국 해병대원들은 먼저 수리바치산 정상에 거대한 성조기를 꽂았다.

유럽 여행을 하다 보면 가정마다 국기를 단 집을 쉽게 볼 수가 있다. 튀르키예의 경우 거의 모든 집이 국기를 달고 있다. 이렇게 소중하게 여기는 국기가 아닌가? 어느 때부턴가 국가관이 모호해지면서 태극기에 대한 사랑도 식어만 갔다.

쓸쓸한 마음으로 돌아와 아파트 엘리베이터 앞에 섰다. 마침 초등학생으로 보이는 한 여자아이가 웃으면서 인사를 한다. 하지만 그 아이는 처음 보는 얼굴이다. "처음 보는 얼굴인데 몇 층에 사느냐?"고 물었다. 그 아이는 다시 웃으며, "7층에 사는 할아버지 댁에 간다."고 하며, "아저씨는 몇 층에 사세요?"라고 묻는다. "6층."이라고 대답했다. 엘리베이터 문이 열렸다. 안으로 들어서자마자 그 아이는 6층과 7층을 함께 눌러 주었다. 주민센터의 태극기로 인해 우울했던 마음이 그 아이로 인해 금세 사라져 버렸다.

오늘 하루는 기쁨과 우울함이 함께하는 날인가 보다. 그래도 기쁜 일이 한 번 더 있었으니 즐거운 날이 아닌가.

(2024. 『수필과비평』 3월호)

8월에 부르는 노래

8월은 뜨거운 달이다. 태양의 열기가 대지를 달구면 마음 또한 그 열기로 가득 차게 된다.

70여 년 세월의 저편에선 열화와 같은 함성이 울려 퍼졌다. 한라에서 백두까지 삼천리 방방곡곡에서 남녀노소가 함께 외쳤던 '대한독립 만세' 소리다. 그 만세 소리 뒤에는 우리 선열들의 고귀한 희생이 숨어 있었다.

얼마 전 중국으로 가 우리 선열들의 항일 유적지를 돌아본 적이 있다.

하얼빈역의 '안중근의사기념관'에는 안중근 의사가 권총을 들고 이토 히로부미를 저격하는 전신상(全身像)이 모셔져 있다. 안 의사는 하얼빈역 1번 플랫폼에서 이토 히로부미를 저격한 후, "코레아 우라(대한 만세)!"를 외치며 당당한 모습으로 러시아 헌병들에게 체포되었다. 안 의사는 하얼빈역 거사를 통해 일제 침략의 부당함을 세계만방에 알렸고, 대한 남아의 늠름한 기개를 일본인에게 보여준 통한(痛恨)의 쾌거였다.

그 후, 안 의사는 5개월 동안 뤼순감옥에 갇힌 후 교수형을 당하셨다. 그때 안 의사는 "자신이 죽은 후, 유골을 하얼빈 공원 곁에 묻었다가 해방이 되면 고국 땅에 묻어 달라."는 유언을 남기셨다. 안 의사가 이국땅에서 조국의 광복을 그리워하며 남기신 유언이다. 하지만 우리는 안 의사의 유해를 조국의 품에 모시지 못했다. 부끄러운 일이다. 안 의사의 영혼은 지금도 하얼빈 하늘을 맴돌며 꿈에도 그리던 조국으로 돌아갈 날만 손꼽아 기다리고 계실 것이다.

뤼순감옥의 사형장에선 안 의사가 교수형을 당하셨다. 또한, 그곳 서감방 35호에선 신채호 선생이 뇌출혈로 돌아가셨고, 36호에선 이회영 선생이 심한 고문 끝에 돌아가셨다. 두 분께선 몸져눕기에도 비좁고 차가운 뤼순감옥의 감방에서 돌아가신 것이다.

신채호 선생이 돌아가신 후, 그 유해는 일본 경찰의 눈을 피해 조국으로 모셔왔으나, 국내에 호적이 없어 매장 허가를 받지 못해 몰래 매장을 하였다.

청산리 전투의 영웅 김좌진 장군은 어떠했던가? 장군은 독립군 900여 명과 재향군인 및 가족 1,000여 명을 이끌고 하이린(海林)에 있는 산시(山市)로 와 주둔하였다. 그곳에서 '금성정미소'를 운영해 농민들의 편의를 도와주는 한편, 독립군의 운영자금을 마련하였다. 그 무렵 장군은 공산당원인 박상실이 쏜 총탄을 맞고 돌아가셨다. 그 후, 장군의 유해도 일본 경찰의 눈을 피해 조국으로 돌아오신 후, 몰래 매장하였다.

안 의사의 유해는 아직도 조국의 품에 안기지 못했고, 독립운동을 했던 많은 분의 유해가 일제의 눈을 피해 조국으로 돌아오셨다. 하지만 아직도 돌아오지 못하고 이국땅에 묻히신 분들도 많다. 꿈에도 그리던 내 조국인데 죽어서도 떳떳하게 돌아오지 못하고, 그렇게 숨겨서 돌아오셨다. 통탄할 일이 아닌가?

8월이면 부르고 싶은 노래가 있다. 광복절 노래다. 이 노래를 지으신 정인보 선생은 일찍 중국으로 망명해 신채호, 박은식 선생 등과 함께 독립운동을 하셨다. 그래 이국땅에서 목숨 걸고 독립운동을 하신 우리 독립운동가들의 심정을 그렇게 잘 표현하셨나 보다. 눈을 감고 조용히 광복절 노래를 불러 본다.

> 흙 다시 만져보자 바닷물도 춤을 춘다
> 기어이 보시려던 어른님 벗님 어찌하리
> 이날이 사십 년 뜨거운 피 엉긴 자취니
> 길이길이 지키세 길이길이 지키세

첫 번째 행은, 나라를 등지고 독립운동을 하신 우리 선열들이 얼마나 조국을 그리워하셨을까? 그래 해방이 되어 조국으로 돌아와 밟는 흙도 다시 만져보자고 하셨을 것이다. 그들은 조국 광복이 좋아 춤을 추며 만세를 부를 때, 눈앞에 보이는 삼라만상이 자신의 심정과 같을 것으로 생각해, 파도가 출렁이는 것을 보고 조국 광복을 바다까지도 좋아 춤을 추는 것 같이 보였으리라.

둘째 행에선, 독립운동을 하면서 많은 선열이 조국 광복을 보길 원했으나, 이미 타국에서 돌아가신 동지들은 광복을 보지 못했으니 얼마나 안타까운 일인가 하고, 가슴 아파한다.

셋째 행은, 한일 합방으로 일본에 나라를 빼앗긴 후, 40여 년 만에 해방이 되었다. 하지만 해방이란 쉽게 얻은 것이 아니고, 우리 선열들이 독립을 위해 피 흘리고 목숨을 바친 소중한 결과라 생각하였다.

마지막 행은, 많은 희생을 통해 어렵게 되찾은 이 나라를 우리 모두 다 함께 계속해서 잘 지켜나가자는 맹세라 하겠다.

　광복절 노래를 되뇌며 우리는 먼저 가신 선열님들께 무어라 말할 것인가. 송구하고 죄송할 따름이다.

　8월의 뜨거운 열기는 아직도 이 땅 위에 뜨겁게 불타고 있다. 우리 모두 먼저 가신 선열들을 생각하며, 8월의 노래를 다시 한번 힘차게 불러보자.

(2022. 『수필문학』 8월호)

노래가 반전시킨 문학 인생

　　내가 태어난 곳은 백마강 하류에 있는 부여군 장암면 장하리이다. 궁벽(窮僻)한 산골 마을로 동네 어귀엔 만남과 이별이 함께하던 두루미란 나루터가 있었다. 문명의 혜택을 받지 못해 일 년이 다 가도록 자동차 구경 한 번 못했고, 전기도 들어오지 않아 밤이면 석유 등잔의 심지를 돋워 어둠을 밝히던 그런 마을이다. 교통이 불편해서 동네에 한 번 들어오면 갇혀버린 느낌이 드는 마을이었다.

　　하지만 어린 시절을 보냈던 너른 백사장과 강변의 갈대는 자연 친화적 환경으로 내가 문학 활동을 하는 데 귀한 밑거름이 되었다.

　　나는 네 살 때 아버지가 돌아가셨다. 어머니는 시

부모님을 모시고, 시누이와 시동생 다섯에 자식 사 남매를 부양하느라 고생을 많이 하셨다. 따라서 나의 왼손을 잡아 줄 어머니는 계셨지만, 오른손을 잡아 줄 아버지가 계시지 않았다. 그래 내 마음은 늘 허전하기만 했다. 그나마 왼손을 잡아 줄 어머니마저 가족의 생계를 위해 호미를 들고 들로 나가셨기 때문에, 나는 친구들보다 더 외로움을 느껴야만 했다.

이때 늘 내 곁에 있었던 것은 금성사 제품의 라디오였다. 라디오는 나의 유일한 친구였고, 내게 즐거운 노래를 들려주었다. 그 노래가 외로움을 달래주었고, 자연스레 나는 노래와 가까이하게 되었다.

저녁이면 어린이 시간에 「누가 누가 잘하나」라는 프로가 있었다. 초등학교 학생들이 방송에 출연해 노래를 부르면, 심사해서 노래 잘 부른 학생을 선발하는 프로였다. 나는 그 방송을 자주 들었다. 하지만 시골에서 방송국에 출연한다는 것은 꿈도 꾸기 어려운 일이었다. 그래 나는 저녁마다 마을 뒷산에 올라 "남산초등학교 ○학년 ○반 ○○○입니다."라고 소개를 한 후, 어린 소나무들을 방청객으로 생각하고 노래를 부르곤 하였다.

중학교 때부터 동요보다 유행가를 더 좋아하게 되었다. 유행가는 쉽게 들을 수 없었다. CD나 카세트테이프가 없던 시절이라 유행가는 축음기나 전축을 통해서만 들을 수 있었다. 하지만 축음기나 전축은 값이 비싸 살 수가 없었다. 천생 라디오를 통해서 유행가를 들었다. 라디오에서 유행가가 나오면 나는 연필을 들고 종이에 노래 가사를 적어가며 노래를 배웠다.

이때부터 유행가를 즐겨 불렀고, 꿈도 가수가 되는 것이었다. 이제 노래자랑에도 한번 나가고 싶었다. 고등학교 3학년 때 부여중학교 운동장에서 노래자랑이 있었다. 처음으로 사람이 많이 모인 무대에 올라 노래를 불렀는데, 긴장돼서 그런지 나도 모르게 다리가 떨리기 시작했다. 떨지 않으려고 애써 다리에 힘을 주면, 그럴수록 다리가 더 떨렸던 경험이 있었다.

노래에 대한 미련은 대학에 다닐 때까지 이어졌다. 그러던 중 전국노래자랑에 나가 입상을 했다. 그때 심사를 맡았던 유명 작곡가가 서울에 가서 한 달 동안 공부를 하면 노래 다섯 곡을 취입 시켜 준다며, 부모님의 허락을 받아오라 했다. 그 말을 듣고부터 고민을 하기 시작했다.

나는 가수들과 편지를 주고받았고, 유명 가수들의 사인(sign)은 거의 다 받아 놓았을 정도로 가수에 대해 많이 알고 있었다. 그 시절 가수는 20대 초반부터 30대가 절정기였다. 젊은 시절 10년을 위해 내 인생의 모든 것을 다 바쳐

야 할 것인가? 만약 내 노래가 히트한다면 모르지만, 그렇지 못한다면 어떻게 될 것인가? 그 무렵 유명 가수들은 한 달에 노래 십여 곡을 취입해서 그중 한두 곡이 히트한다고 했다. 나 같은 무명가수가 노래 다섯 곡을 취입해 히트를 한다는 것은 몹시 어려운 일이란 생각이 들었다. 또한, 노래를 취입한 후 내 노래를 알리기 위해 전국의 방송국을 찾아다니며, 인사를 하는 비용도 많이 들어간다고 들었다.

불확실한 미래를 위해 내 인생을 건다는 것은 아무리 생각해도 무모한 도전일 것 같았다. 그래 가수가 되는 걸 포기하였다.

안정된 생활을 위해 글을 써 보기로 마음먹었다. 직장 생활을 하면서 글을 쓴다면 생활도 안정될 것이고, 나이가 들면 지식과 경륜을 갖춘 멋진 글을 쓸 수 있을 것 같았다.

대학에 다닐 때는 도서관을 많이 이용하였다. 그곳에서 우연히 관동출판사에서 발간한 『수필문학』이란 잡지를 보게 되었다. 수필은 시간이 날 때마다 잠깐씩 읽기에 좋았다. 또한, 생활에서 우러난 글이라 인생 경험이 부족했던 내게 간접 경험을 하는 데 도움이 될 것 같았다. 그래 『수필문학』지를 정기 구독하며 글 쓰는 연습으로 일기를 쓰기 시작했다. 1973년 수필 공부를 하던 중 『여성동아』에 「제5계절을 위한 대화」란 글을 한 편 써서 보냈다. 마침 그 글이 5월호에 실렸고, 글의 평은 소설가 안수길 선생님께서, "춘하추동의 네 계절 외에 또 하나의 계절을 생각하면서 여러 면으로 인생을 검토해 본 깊이 있는 글이다. 문장도 정확하고 명쾌하게 읽혀 거침이 없다."라고 해 주셨다.

그 뒤로 용기를 내서 수필문학사에 편지 한 통을 보냈다. 『수필문학』지에 글을 실으려면 어떻게 해야 하느냐? 는 내용이었다. 그때 주간을 맡았던 박연구 선생님께서 "등단을 해야 한다."라는 답장이 왔다. 그 편지를 계기로 박연구 선생님과의 인연이 시작되었다. 박 선생님은 내가 서울에 가면 항상 서점으로 데리고 가 수필 공부를 하는 데 도움이 되는 책을 사주시곤 했다.

등단을 위해 『수필문학』, 『한국수필』, 『수필공원(현 에세이문학)』 등의 수필전문지를 정기 구독하면서 유명 수필가들의 수필집도 구해 읽었다.

대학을 졸업하고, 1975년 3월에 천안공업고등학교 교사로 발령을 받았다. 1976년부터 그곳에서 한국문인협회 천안지부 회원으로 가입해, 『천안문학』에 수필 「시간을 거닐던 여인상」과 「저금통 속의 유행가」를 발표하기 시작하였다.

그러던 중 1979년 8월 25일 충남수필문학동인회가 대전에서 발족했고, 1981년 3월 『수필예술』 창간호에 「가출한 고

양이」를 발표하였다. 이때 김영배 수필가를 비롯하여 대전·충남에서 활동하는 수필가들과 만나게 되었다.

　1981년 천안에서 대전으로 학교를 옮기면서 대전에서의 생활이 시작되었다. 대전에서 『수필문학(1980.5)』에 「주름」, 『수필공원(1985.겨울)』에 「얼굴을 가리는 사나이」 등의 수필을 발표하였다.

　1991년 『수필문학』 11월호에 「매월당의 자화상」으로 등단하면서, 강석호 사장님도 알게 되었다.

　등단 후, 각종 수필 문학 세미나에 참석하면서 수필 문단의 저명하신 수필가들을 알게 되었다.

　서정범 교수님과는 대전의 어느 목욕탕에서 목욕을 함께 했다. 식사 자리에서 서 교수님은 나의 졸작 「단재 선생과 연」을 보시고 흐뭇해하시면서, "테마가 있는 역사수필을 한 번 써 보라."고 말씀하셨다. 그 뒤로 역사 수필을 쓰기 시작했다. 윤모촌 선생님은 내가 수필을 써서 우편으로 보내면 시력이 불편했던 선생님께서는 내 수필을 대자보처럼 크게 확대해서 첨삭지도를 해주셨다. 조경희 회장님은 이숙 선생님과 함께 다니셨는데, 대전에서 행사가 있거나 볼일이 있을 때마다 내게 전화를 주셔서 만났다. 이광복 이사장님과는 중학교 때 같은 반으로 만났고, 하굣길 방향이 같아 비포장도로를 같이 걸으며 많은 이야기를 나누었다. 그 후,

헤어졌다가 문학 활동을 하면서 다시 만났다. 이현복 교수님과 정목일 수필가님은 세미나에서 만나 알게 되었다.

등단 후, 한국문인협회를 비롯한 수필 관련 단체에 가입하여 문학 활동을 계속하였다. 1997년 제16회 한국수필가협회 세미나(10. 11~12)에서 「나의 수필작법」이란 주제로 역사 수필을 쓰게 된 동기와 작법을 발표하여, 수필가들의 주목을 받게 되었다. 이때 내 글에 관심을 갖게 된 신동춘 시인과 서상은 수필가를 만났다.

『한국수필』, 『수필문학』, 『에세이문학』 등에 여러 편의 수필을 발표하면서, 『수필과 비평(1998. 9·10월호)』에 특집 「화제의 작가」로 선정되어 「단재 선생과 연」 등 8편의 수필을 발표하였다.

『중도일보』, 『수필문학』, 『수필춘추』 등에 수필을 연재했고, 2014년부터 해군본부 간행 『해군』지에 「해군과 함께하는 문화탐방」이란 코너를 맡아 3년간 연재하였다.

2016년에는 충남문화재단에서 발간한 『충남근현대예술사』에 「충남수필문학사(1894~2016)」를 집필, 충남과 연관이 있는 최익현, 한용운, 신채호 등, 98명의 수필가를 수록해, 충남·대전의 수필 문학 연구에 많은 도움을 주고 있다.

그렇게 해서 현재 한국문인협회, 한국수필가협회, 한국수필문학가협회, 한국수필문학진흥회 이사, 대전문인협회 부

회장, 『수필문학』 편집위원으로 활동 중이며, 대전·충남수필문학회 회장을 역임하였다.

수필집으로 『장경각에 핀 연꽃』, 『한국인의 두 얼굴』 등이 있다. 그 결과 한국수필문학상, 박종화문학상, 수필문학상, 인산기행수필문학상, 현산문학상, 대전문학상 등을 수상하였다.

직장에 있을 때는 시간이 나거나 휴일에 글을 썼다. 정년퇴직 후부터는 시간이 많아 심신에 활력을 주기 위해 여행을 자주 하고 있다. 이제 수필은 내 인생의 동반자가 되어, 외롭지 않은 문학 인생을 보내고 있다.

(2021. 한국문인협회 『문단실록2』)

하얼빈역을 뒤흔든 총소리

　중국의 하얼빈역은 역사(驛舍) 확장공사로 주변이 어수선했다. 110년 전, 이곳에서 만주 대륙을 뒤흔든 7발의 총소리가 울렸던 곳이다.
　하얼빈역 남쪽 광장으로 갔다. 광장에서 왼쪽으로 돌아가면 안중근 의사의 기념관이 있다. 본래 하얼빈역에는 안 의사의 전시관 및 거사 지점 표시가 없었다. 2013년 6월 한·중 정상회담 때 박근혜 전 대통령이 시진핑 주석에게, "하얼빈역에 안 의사의 거사 장소를 표시해 달라."고 요청해서, 2014년 1월 19일에 '안중근 의사 기념관'을 개관하게 되었다. 그 후, 하얼빈역 확장공사로 조선민족예술관으로 이전을 했다가, 2019년 3월 30일에 규모를 확장해서 다시 개관한 것이다.

기념관으로 들어갔다. 정면에 안중근 의사의 전신상이 있다. 안 의사가 누군가를 향해 권총을 쏘고 있는 형상이다. 안 의사의 상(像) 위에 시계가 하나 걸려 있다. 시계는 9시 30분을 가리키고 있다. 지금 시각이 오후 4시인데 이 시계는 9시 30분이다. '고장 난 시계가 아닐까?' 전시실 오른쪽에 안 의사가 쓴 유묵(遺墨)들이 여러 점 걸려 있다. 이 유묵들은 대부분 안 의사가 뤼순 감옥에서 쓴 작품들이라 한다. 유묵마다 '뤼순 감옥에서 대한국인 안중근'이라 낙관을 했고, 인장 대신 손바닥에 먹물을 묻혀 수인(手印)을 찍었다. 유묵엔 왼손 넷째 손가락의 길이가 짧은 수인이 찍혀 있다. 왜, 안 의사는 넷째 손가락의 길이가 짧은 것일까?

안 의사는 12명의 동지와 함께 이토 히로부미와 이완용 등을 제거하기 위해 단지동맹(斷指同盟)을 만들 때, 넷째 손가락을 잘라 흐르는 피로써 굳은 맹세를 했기 때문이다.

유묵들을 자세히 보았다. 글자의 획마다 힘이 있고 흐트러짐이 하나 없이 반듯하다. 글자에 힘이 들어간 것은 장부의 강인한 기개를 보여주는 것이요, 반듯한 것은 죽음을 초월한 안 의사의 초연한 마음을 나타내는 것이라 하겠다.

안 의사의 전신상 왼쪽으로 두 칸의 전시실이 있다. 그곳에 안 의사의 사진과 함께, 생애와 사상, 거사 과정 및 뤼순 감옥에서의 순국 과정 등이 전시되어 있다.

　전시물을 보며 걸어가다 보면 맨 끝에 밖을 내다볼 수 있는 통유리가 있다. 그 유리 너머로 하얼빈역 1번 플랫폼이 보인다. 바로 저곳이 안 의사가 이토 히로부미를 저격했던 곳이다. 그곳 바닥에 세모와 네모 표시가 되어 있다. 세모 표시는 안 의사가 서 있던 곳이고, 네모 표시는 안 의사가 쏜 총탄을 맞고 이토 히로부미가 쓰러진 곳이다. 두 사람의 거리는 불과 십여 보밖에 안 되는 아주 가까운 거리였다.

　우리 역사에 길이 남을 대단한 사건이 있었다.

　1909년 10월, 한일합병에 대해 일본이 러시아의 승인을 받기 위해, 이토 히로부미가 하얼빈에 와서 러시아 재무장관 코코프체프를 만나기로 하였다.

　그 무렵 블라디보스토크에 있던 안 의사는 이 소식을 듣고 이토 히로부미를 처단하기로 결심한다. 안 의사가 우덕순을 만나 하얼빈에서의 거사 계획을 말하자, 우덕순도 거사에 같이 참여하기로 하였다. 두 사람은 거사를 위해 하얼빈으로 가던 중 쑤이펀허역에서 러시아어를 통역할 유동하를 만나 하얼빈으로 같이 갔다. 하얼빈에 도착한 세 사람은 한민회 회장인 김성백의 집으로 가 머물렀다.

　10월 23일 자 신문(원동보)에 26일 이토 히로부미가 창춘에서 특별열차를 타고 하얼빈으로 온다는 기사가 실렸다. 이에 안 의사 일행은 현장 답사를 위해 하얼빈역을 돌아본 후, 하얼빈 공원(현, 자오린 공원)으로 가 거사 계획을 세운 뒤, 사진관에서 기념사진을 촬영하였다. 그 후, 동흥학교로 가 김형재, 김성옥, 조도선을 만나 거사 계획을 이야기한 후, 그의 기개와 포부가 담긴 장부가(丈夫歌)를 지었다.

거사 이틀 전, 안 의사는 이토 히로부미가 탄 열차가 지야이지스고역에서 정차한다는 소식을 듣고, 우덕순, 조도선과 함께 지야이지스고역으로 갔다. 그곳에서 우덕순과 조두선이 먼저 거사하도록 하였다.

거사 전날, 안 의사는 우덕순과 조도선이 지야이지스고역에서 거사를 성공시켜 줄 것을 부탁하고 헤어졌다. 그러고 나서 안 의사는 그들이 거사에 실패할 경우를 대비하여 하얼빈역에서 거사하기로 하고, 하얼빈으로 갔다.

10월 26일, 우덕순과 조도선이 러시아 경비병의 심한 감시로 지야이지스고역에서의 거사가 실패했다.

안 의사는 아침 7시경 브라우닝 권총을 휴대하고 하얼빈역으로 갔다. 그는 일본 교민들과 섞여 대합실로 들어간 후, 찻집에서 차를 마시며 이토 히로부미를 기다렸다. 9시경 이토 히로부미가 탄 열차가 하얼빈역에 도착했다. 러시아 재무장관 코코프체프가 열차로 올라가 이토 히로부미와

20여 분간 회담한 후, 두 사람이 열차에서 내려 러시아 의장대를 사열하기 시작했다.

이때 안 의사는 러시아 군대의 뒤에 서 있다가 이토 히로부미 일행이 자기 앞을 지나갔다가 다시 돌아올 때, 앞으로 나가 이토 히로부미를 향해 세 발, 수행원을 향해 네 발의 총탄을 쏘았다. 그 후, 그는 "코레아 우라(대한 만세)!"를 세 번 외친 후, 러시아 병사들에게 체포되었다. 여기서 이토 히로부미는 치명상을 입고 20분 후에 사망하였다.

안 의사가 하얼빈역에서 이토 히로부미를 저격한 시각이 9시 30분이다. 그 시각은 안 의사의 전신상 위에 걸려 있던 시계가 가리키고 있던 시각이다.

전시실을 보고 돌아 나올 때 안 의사가 유언하는 사진이 보인다. 안 의사 앞에 홍 신부가 있고, 그 옆에 두 동생이 있다. 여기서 안 의사는 "내가 죽은 뒤에 나의 유골을 하얼빈 공원 곁에 묻어 두었다가, 우리의 국권이 회복되거든 고국으로 반장(返葬)*해다오."라는 유언을 남겼다.

하지만 일본 정부는 안 의사의 두 동생을 강제로 귀국시켰고, 그의 시신은 판자로 만든 둥근 통에 넣은 후, 뤼순감옥 인근에 있는 공동묘지에 암매장하였다.

해방 후, 한국, 중국, 북한의 세 나라가 안 의사의 유해를 찾으려고 노력했으나 찾지 못했다.

세월이 흘러 뤼순 감옥 인근에 있던 공동묘지에도 아파트 단지가 들어서기 시작했다. 이 일을 이제 어떻게 해야 한단 말인가?

기념관을 나오며 후세를 사는 한 사람으로서 부끄러운 생각이 들었다. 아직까지 우리는 안 의사의 유언을 받들어 모시지 못했기 때문이다.

오늘도 안 의사의 유해는 뤼순의 공동묘지에서 해방된 조국의 품으로 돌아갈 날만을 손꼽아 기다리고 있을 것 같다.

참으로 안타까운 일이다.

*반장(返葬): 살던 곳이나 고향으로 옮겨서 장사를 지내는 것을 말한다.

(2020. 『해군』 1월호)

덤으로 산다

　기억이 점점 희미해진다. 수술대 옆에 있던 의사와 간호사들의 모습이 점점 멀어져 간다. 얼마 후 눈을 떴을 땐 내 곁에 아무도 없었다.
　한국 남자의 평균 수명은 80.3세라 한다. 아직 그 나이가 되진 않았지만 나도 몇 차례 위기가 있었다.
　현대는 의술의 발달로 몸과 마음이 불편한 사람은 병원에 가 치료를 받고 살아간다.
　내가 만약 의술이 발달하지 않았던 시대에 살았거나, 후진국에서 태어났다면 어떻게 되었을까? 생각만 해도 끔찍한 일이다.
　30여 년 전이다. 맡은 일이라면 마다치 않고 처리하는 성격이라 많은 일을 하였다. 어느 날 밤 갑자기

한기가 들고, 소변이 마려워 화장실에 갔으나 해결하지 못했다. 오뉴월인데도 추워서 이불을 뒤집어쓰고 밤을 지새웠다.

출근 전 병원에 가 잠깐 치료받으면 될 것 같아 직장에 좀 늦게 출근한다고 전화하였다.

배설 문제를 해결하지 못하고 움직이려니 무척이나 힘이 들었다. 병원에 가 진료한 결과 급성 신장염이라 한다. 의사가 써준 소견서를 가지고 병원을 나오려는데 너무 힘이 들어 혼자서는 도저히 거동할 수 없었다. 큰 병원에 간다고 해도 입원 수속을 할 수 없을 것 같아, 아내한테 전화해 병원으로 오라 하였다.

대학병원에 가 의사의 진료를 받고 주사와 링거를 맞고 배설 문제를 해결하였다. 이제 좀 살 것 같았다. 그렇게 병원에서 일주일간을 입원 치료한 후 퇴원하였다. 만약 병원이 없었다면 나는 어떻게 되었을까?

건강하게 10여 년을 지냈다. 평소 의자에 앉아 일하는 시간이 많았다. 그래서였는지 전에 겪었던 것과 비슷한 증상이 왔다. 처음엔 소변이 잘 배설되지 않더니 열이 나고 대변에까지 문제가 생겼다. 밤새 고생만 하다 이튿날 아침 병원으로 갔다. 이번엔 급성 전립선염이라고 한다. 그래 병원에서 다시 일주일 신세 지고 나왔다. 발달한 현대 의술이 아니었더라면 나는 병마와 싸우다가 세상을 떠났을 것 같다.

한동안 병원 신세를 지지 않고 잘 지냈다. 그러던 어느 날 저녁, 소화가 안 되고 아랫배가 더부룩한 느낌이 들었다. 화장실에 가 배변을 해결하려 해도 힘만 들뿐 소용이 없었다. 변비가 오래되었을 때와 같은 증상이었다. 전기 찜질기를 배 위에 올려놓고 호전되기만 기다렸으나 소용이 없었다. 밤새 고생만 하다 아침에 진료를 잘한다는 내과로 갔다. 의사가 침대 위에 누우라 하더니 배를 몇 군데 눌러보고는 다리를 몇 차례 오므렸다 펴게 한 후, 별 이상이 없다며 돌아가라 하였다. 집에 돌아와서도 차도가 없어 다시 한의원으로 갔다. 그곳에서 팔과 다리에 몇 군데 침을 맞고, 물리치료까지 받고 돌아왔다. 그래도 불편한 기운이 가시지 않아 전기 찜질기를 배 위에 올려놓고 낫기만 기다렸다.

저녁 무렵이 되자 통증이 더 심해 도저히 참을 수가 없었다. 집 근처에 있는 외과로 전화를 했다. 퇴근 시간이 넘었으니 빨리 오라 하였다. 가까운 거리였지만 도저히 걸을 수가 없어 택시를 타고 갔다. 진료 결과 맹장이 터진 것 같다고 하였다. 수술하려면 CT 촬영을 해야 하는데, 촬영기사가 퇴근해 수술할 수 없다며, 빨리 종합병원 응급실로 가

보라 했다. 아픈 배를 움켜쥐고 택시를 불러 대학병원 응급실로 갔다. 맹장이 터져 복막염이 되었다고 한다. 그곳에서 한참을 기다린 후 밤늦게 서야 수술을 하였다.

처음 갔던 병원에서 진찰을 잘했더라면 당일 치료를 하고 나왔을 것을, 오진으로 인해 병원만 몇 군데 돌아다녔다. 대학병원에서 일주일 입원 치료 후 퇴원하였다.

만약 내가 의료 시설이 없는 후진국에서 태어났거나, 의술이 발달하지 않았던 때에 살았다면 몇 살까지 살았을까? 평균 수명보다 훨씬 일찍 저세상 사람이 되었을 것 같다. 참으로 살기 좋은 세상이다. 문명이 발달한 나라에서 선진 의술의 혜택을 받으며 사는 것이 얼마나 다행인가. 그리 생각해 보면 앞으로 사는 내 인생은 덤으로 주어진 인생이 아닌가. 앞으로 남은 인생일랑 항상 고맙게 생각하며 보람된 일을 하며 살라는 뜻이 아닐까?

(2022. 『그린에세이』 11·12월호)

평생직장

 평생직장이란 말이 있다. 직장에 취업하면 퇴직할 때까지 그 직장에서 일한다는 뜻이다.
 하지만, 요즈음 젊은이들은 취업해 얼마 되지 않아 적성과 보수가 맞지 않는다며, 미련 없이 다른 직장으로 옮기는 경우가 있다. 평생직장이란 말이 무색할 뿐이다.
 공고에 근무했을 때다. 3학년 학생들은 여름방학이 시작되면 회사로 현장 실습을 나갔다. 학생 대부분은 잘 근무했으나, 간혹 하는 일이 힘들다며 학교로 돌아오고 싶어 하는 학생들도 있었다.
 취업 지도를 위해 학생들이 근무하는 회사에 가보면, 힘들다는 회사는 작업 환경이 열악하고 후생 복지도 잘 되어 있지 않았다. 실습생에게 시키는 일도 전공과는 무관한 허드렛일을 시켰다. 회사 측에선 일용직 근로자를 쓰면 인건비가 비싸기 때문에 비용 절감 차원에서 공고 실습생을 받아 몇 개월 동안 그런 일을 시키고, 실습 기간이 끝나면 학교로 돌려보내는 회사도 있었다. 제자들이 그런 일을 하는 걸 보면 마음이 아팠다. 딸을 시집보낸 부모의 마음이랄까? 그래 실습생을 학교로 불러들인 일도 있었다.

지금은 대부분 회사가 사원의 후생 복지에 많은 예산을 투자하고 있다.

코로나19가 한창 유행할 때였다.

의류 제조업체인 ㅎ실업은 베트남 생산법인에서 일하던 ㅇ씨가 뇌출혈로 쓰러졌다. 인근 병원에서 치료할 수 없게 되자 호치민시에 있는 큰 병원으로 옮겨 수술했으나, 병원에서 회복과 재활을 위해 한국으로 이송할 것을 권유했다. 하지만 ㅇ씨는 일반 비행기를 탈 수 없는 상태였다. 이 소식을 들은 회사에선 1억 2,000만 원에 달하는 에어 앰뷸런스를 제공해 한국으로 돌아와 치료케 하였다.

인도에서 근무하는 ㅇ전선의 ㅅ씨도 코로나19에 감염되었다. 현지 병원에 입원했으나 위급한 상황에 이르게 되자, 회사에서 주선한 에어 앰뷸런스 편으로 국내로 돌아와 치료하였다.

ㅅ물산 인도네시아 주재원으로 근무하던 한 직원도 코로나19에 걸려 현지에 있는 큰 병원에 입원하였다. 하지만 열악한 의료시설에서 치료할 수가 없게 되자 회사에서 에어 앰뷸런스를 제공해 국내로 돌아와 치료하였다.

다른 기업에서도 코로나19의 위험에서 직원을 구하기 위해 에어 앰뷸런스를 이용한 것이 10여 곳에 이른다고 한다.

'어려움에 처한 직원을 위해 발 벗고 나서는 회사야말로, 사원들이 원하는 평생직장이 아닐까?' 생각해 본다.

꽃피고 새가 노래하는 아름다운 5월이다. 5월에는 취업을 원하는 많은 사람이 모두 취업을 했으면 좋겠다. 또한, 그들이 취업한 직장이 평생직장이었으면 더욱 좋겠다.

(2024. 『수필문학』 5월호)

어설픈 독일 견문

마흔 살에 비행기를 처음 타 봤다. 국가의 배려로 독일의 공과대학에서 얼마 동안 공부를 하게 되었다.

우물 안 개구리라 할까? 모든 게 낯설고 어색했다. 견문이 좁은 내가 그곳에서 생활하는 동안 겪었던 일들을 몇 가지 적어보고자 한다.

거리에서 먼저 눈에 띈 것은 달리는 모든 자동차가 대낮에 전조등을 켜고 다녔다. 우리나라에선 비 오는 날이나 어두운 밤에만 볼 수 있는 풍경이다. 이상해서 물어봤더니 교통사고를 줄이기 위해서라 했다. 과학적인 면에서 보면 빛의 속도가 소리보다 빠르기 때문에 보행자의 안전을 위해 전조등을 켜고 다닌다고 했다.

우리는 자동차 주행 중 보행자가 도로에 서 있으면

빨리 비키라고 클랙슨을 누른다. 하지만 이곳에선 보행자가 교통신호를 위반하고 횡단보도를 건너더라도 운전자는 차를 멈추고 웃으며, 보행자가 횡단보도를 다 건너갈 때까지 기다려주었다. 보행자 우선의 원칙을 지키고 있었다. 이러한 예는 거리에 있는 신호등에서도 쉽게 볼 수 있었다. 횡단보도에 빨간불이 켜졌을 때도 용무가 급한 보행자가 신호등 기둥에 있는 버튼을 누르면, 빨간불이 금세 파란불로 바뀌어 보행자가 횡단보도를 안전하게 건널 수 있었다.

　이국의 낯선 풍광에 취해 한국에서 사 간 필름을 모두 사용했다. 마트에 가 새 필름을 여러 통 사 왔다. 그 필름으로 사진을 모두 촬영한 후, 인화된 사진이 빨리 보고 싶어 필름을 현상소에 맡겼다. 며칠 후, 사진을 찾으러 갔는데, 사진을 넣은 봉투가 생각보다 두꺼웠다. 우리나라에선 필름과 함께 사진을 넣어주는 봉투가 그렇게 두껍지 않았다. '사진이 잘 나왔을까?' 생각하며 봉투에서 사진을 꺼내는 순간 깜짝 놀랐다. 생각지 못한 물건이 나왔기 때문이다. 필름은 보이지 않고 네모진 딱딱한 종이 틀 안에 필름이 한 장씩 끼어 있고, 사진도 함께 있었다. 현상소 주인한테 물었더니 내가 가져온 필름이 슬라이드용 필름이라 했다. 그래 환등기에 넣어 볼 수 있도록 네모진 딱딱한 종이 틀 안에 필름을 넣어, 마운팅(mounting) 처리를 한 것이었다. 다행히 사진은 아주 선명하게 잘 나와 있었다.

이곳에선 필름을 살 때 별도로 말하지 않으면 슬라이드 필름을 줬다. 일반 매장에도 판매대 앞에 진열된 필름은 대부분 슬라이드 필름이란 것을 알았다.

　여기선 수돗물을 마시지 말라 하였다. 수돗물에 석회 성분이 많아 바로 마시면 복통과 설사를 일으킨다고 했다.

　생수를 사기 위해 대형 마트로 갔다. 몇 병만 사는 것보다 한꺼번에 많이 사다 놓고 마시는 것이 편리할 것 같아 20리터(L) 들이 한 통을 사 왔다. 얼마 후, 숙소에 있던 동료가 물통을 자세히 보더니 이것은 생수가 아니라 증류수라 했다. 깜짝 놀랐다. 마트에 갔을 때 물이 진열된 곳에서 생수려니 하고 사 온 물이 증류수라니, 어이가 없었다. 다시 마트에 가 환불한 후, 물병에 붙어 있는 글씨를 잘 보고 생수를 사 온 적도 있다.

　그때가 IMF 직후라 환율이 1달러에 1,400원이 넘었다. 물을 사 마시는 돈이라도 절약하기 위해 수돗물을 마시기로 하였다. 저녁에 수돗물을 받아 끓여 놓으면, 이튿날 아침이면 석회가 하얗게 가라앉아 있다. 이때 석회가 섞이지 않게 물을 따라 식용으로 사용하기도 하였다.

　'코리안 타임'이란 말이 유행할 때였다. 한국 사람들이 시간을 잘 지키지 않는 것을 빗대 이르는 부끄러운 말이다. 한국에선 시내버스나 시외버스도 시간을 잘 지키지 않았다.

그곳에선 전철이나 시내버스가 정확히 시간에 맞춰서 오는 것을 보고 깜짝 놀랐다. 그뿐만이 아니었다. 차표 검사도 하지 않았다. 차를 탈 때도 현금이나 카드로 차비를 지불하는 것이 아니고, 차를 타면 그만이었다. 신용사회라서 그런지 당연히 차표를 샀기 때문에 차를 탄 것이라 믿는 것이었다. 하지만 차표를 사지 않고 차를 탔다가 발각되면 몇십 배의 벌금을 물어야 했다. 차표의 종류도 여러 가지가 있었다. 편도, 왕복, 하루, 일주일, 한 달 등, 기간이 정해진 표를 살 수 있었다. 기차의 경우, 우리와 같이 행선지, 날짜, 시간, 좌석을 예약할 수 있다. 하지만, 날짜와 행선지만 예약할 경우, 명시한 날짜 중 어느 시간에 가도 기차를 탈 수가 있었다. 우리나라에서 쉽게 볼 수 없는 풍경이었다.

우리나라의 경우 도로 보수공사를 아침부터 퇴근 무렵까지 한다. 그래 출·퇴근 시간이면 도로가 막혀 불편할 때가 많다. 하지만 그들은 교통 혼잡을 줄이기 위해 심야 시간에 도로 보수공사를 해 차량의 흐름이 원활했다.

더 많은 것을 경험했으나, 그곳의 환경에 익숙하지 않은 사람이 쉽게 겪을 수 있는 실수나 경험담을 몇 가지 적어보았다.

독일에서의 어설픈 경험담이 장님 코끼리 다리 만지는 격이 되지 않았나 생각된다.

*이 글은 1998년 독일에서 보고 느낀 것이기 때문에, 현재와는 다를 수가 있음을 밝혀둔다.

(2024. 『수필문학』 3월호)

신발장에서 배운 인생

첫 발령을 받고 학교에 출근하였다. 현관에 큰 신발장이 있다. 실내로 들어가기 위해 구두를 벗고 실내화로 갈아 신었다. 구두를 넣기 위해 신발장 앞으로 갔다. 직원이 많아서인지 신발장의 높이가 내 키만 하고 폭도 꽤 넓었다.

'내 구두를 어디에 넣어야 할까?' 망설이며 신발장에 붙어 있는 직원들의 이름을 하나하나 읽어 나갔다. 맨 윗줄 왼쪽엔 교장 선생님의 이름이 있고, 그 옆으로 교감, 행정실장의 이름이 있다. 그리고 부장들의 이름과 경력에 따라 선생님들의 이름이 붙어 있는 것 같았다.

'내 이름은 어디에 있을까?' 하고 궁금해하며 찾아

본 결과, 맨 아랫줄 마지막 칸에 있었다.

그곳에 구두를 넣기 위해선 허리를 많이 굽혀야 했다. 아침 출근 때마다 신발장에 구두 넣기가 아주 불편했다. '나는 언제쯤, 허리를 굽히지 않고 편하게 신발장에 구두를 넣을 수 있을까?' 생각해 보았다.

한 해, 두 해 세월이 흐르면서 내 이름의 위치도 조금씩 옮겨가기 시작해 신발장 중간에까지 올라왔다. 이제 허리를 굽히지 않고 편하게 구두를 넣을 수 있어 좋았다. 하지만 그때부터 승진에 신경을 써야 했고, 맡은 일에 대한 책임도 초임 때보다 커져 정신적으로 부담이 되었다.

신발장에서 내 이름의 위치가 점점 위로 올라갈수록 일은 적었지만, 책임은 더 커졌다. 이름이 신발장의 맨 아래 칸에 있을 때는 구두 넣기는 불편했지만, 마음은 편했다. 업무도 내가 한 일에 대해서만 책임을 졌고, 모를 때는 윗사람에게 물어서 했다.

다시 세월이 흘러 내 이름이 신발장 맨 윗줄의 앞에 붙게 되었다. 이제 허리를 굽히지 않고 선 채 구두를 넣을 수 있어 몸도 편하고 일도 적었다. 하지만 전 직원이 한 일에 대한 최종 책임은 나에게 있었다. 정신적인 부담이 컸다.

신발장을 보며 생각해 보았다. 나이가 들어감에 따라 신발장에 붙어 있던 내 이름의 위치가 바뀌고 직위도 변했다.

생각해 보면 이름이 신발장 맨 위쪽의 앞에 있는 것보다 아래쪽에 있을 때가 좋았다.

어렸을 때는 나이를 빨리 먹었으면 좋겠다고 생각을 했다. 언제쯤 나도 어른이 되나 하고 나이 먹는 것을 퍽 부러워하였다. 이제 나이가 들고 보니 나이를 먹는 것도 그리 달갑지 않다. 체력이 활동을 따라가지 못하니 사회생활도 적극적으로 참여하고 싶지 않다. 한 걸음 뒤로 물러나 관망하는 편이 좋다.

이제 나이를 더 먹지 말고, 지금 이 나이에 머물렀으면 좋겠다는 생각을 해본다.

들판에 서 있는 나무도 아래쪽보다 위쪽으로 올라갈수록 바람을 많이 탄다.

신발장에서 인생의 작은 묘미를 알고, 인생도 배우게 되었다.

(2024. 『그린에세이』 9·10월호)

최중호 수필집
멈춰진 시계의 비밀

2025년 5월 25일 초판 인쇄
2025년 5월 30일 초판 발행

지은이 / 최중호
발행인 / 강병욱

발행처 / 도서출판 교음사
편집 / 수필문학사 편집부

03147 서울 종로구 삼일대로 457 수운회관 1308호
Tel (02) 737-7081, 739-7879(Fax)
e-mail : gyoeum@daum.net
등록 / 제2007-000052호

* 잘못된 책은 바꿔 드립니다. 값 16,000원

ISBN 978-89-7814-041-6 03810

이 도서는 대전광역시, (재)대전문화재단에서 사업비 일부를 지원 받았습니다.